A・コルバン

感性の歴史家 アラン・コルバン

Historien du sensible

小倉和子訳

藤原書店

Alain CORBIN, Gilles HEURE

HISTORIEN DU SENSIBLE

Entretiens avec Gilles Heuré

日本の読者へ

一九九八年、箱根の山に出かけたとき、藤原良雄氏が歩きながらわたしにこんなことを提案しました。わたしの研究方法が日本の読者によくわかるような小さな本を書いてみないか、と言ったのです。「あなたのことをもっとよく知り、あなたがどんな教育を受けてきたのかが分かれば、あなたの著作が読みやすくなるにちがいありません。そうすれば、あなたの著作どうしを互いに結びつけているものや、ある著作から別の著作への移行がどのようにしてなされたのか、といったことも分かるようになるでしょう」と。

駆け足の日本滞在だったので、この計画がふたたび話題になることはありませんでしたが、この思いつきはわたしの内部で成長していきました。実を言うと、わたしは、自分自身のことを語ろうとするときにあらゆる歴史家が感じるのではないかと思われるためらいを感じていました。たしかに、とりわけフランスには、自分＝史《エゴ＝イストワール》と呼ばれる自伝らしきものを書いた歴史家たちがいます。しかしこの方法は、わたしにはいつもいささか思い上がったものに見えました。自分自身にたいして明晰であるということは、とても難しいことだからです。

そうこうするうちに、若くて優秀な歴史家であるジル・ウレが、わたしの本を全部読んだと言ってきました。彼とは面識はありませんでしたが、すぐれた博士論文を書いたことは承知していました。彼はわたしの知らぬ間に、パリのある出版社の同意を得て、対談集を出版する計画を立てていたのです。それを聞いたわたしは、当然のことながら藤原氏の言葉を思い出しました。わたしの本をめぐっておこなわれた気ままな逍遙は、こんな風にして生まれたわけです。ジル・ウレはするどい質問をするこつを心得ている人で、わたしは返答に窮することもあったと認めざるをえません。

それでもやはり、この『感性の歴史家アラン・コルバン』には、日本の読者にとっては突飛に感じられるであろう自伝的なページがいくらかあります。けれどもそれらは、バス＝ノルマンディーのある村での生活にせよ、連合軍の上陸作戦にせよ、質素な中学校の寄宿舎での日常生活にせよ、あるいは廃墟と化した町で過ごした大学時代にせよ、一九四〇年代から五〇年代にかけての奥深いフランスの農村にもぐり込ませてくれるでしょう。

とはいえ、重要なのは、こうした修業時代の想起につづく各章であることにかわりはありません。フランスの大学における歴史家の経歴が話題になっている最後の数ページは、たぶん日本ではいくらか場違いに感じられるかもしれません。幸いなことに、あまり長くはありませんが。リムーザン地方にかんする章のほうは、日本人観光客がフランスに滞在しても、おそらくもっとも訪れる機会が少ない地方ではないかと思われる中央山塊の美しい農村への旅の招待として読んでいただくことができるでしょう。

わたし自身は、自分の本どうしに何かつながりがあるのかどうか、よくわかりません。いずれにせよ、それを見きわめる、あるいは感じとるのは、まずは読者の仕事です。後から構築された自己の道筋というのは、いつでも少々まことしやかなものです。それゆえ、ジル・ウレとわたしは、ふたりのとても気ままな対談が、あらゆる決定論から可能なかぎり遠ざかったものになるよう願いました。著者自身が執筆中には気づかなかった論理を後から押しつけるような、批判の余地のある方法は避けたかったのです。

たしかにこんにち、伝記や自伝の正当性にかんする問いはたくさん提起されています。この疑念は結果として、障害を回避するためのいくつもの方法をもたらしてくれています。「伝記の対象者」との対談というのもそのひとつです。それは暴こうとはせずにほのめかすこと、読者の自由を尊重することを可能にしてくれるからです。

この対談集の場合、さまざまな寄り道をし、相次ぐ問いを発し、経歴や経験について語ることを通じて、こんにちでは広く共有されている一連の問題提起がどのように発展してきたかをあとづけています。それらの問題提起は、宇宙的なもの、鉱物、植物、動物、他者、そして自己についての表象体系や評価体系の歴史に基づいた感性の歴史——過去を再構築するあらゆる試みにたいして、ひとつの目的であるのみならずひとつの前提条件ともなる歴史——をつくりあげることを目指しています。その意味で、本書が、日本でおこなわれている歴史記述との比較を容易にしてくれるのではないかと期待しています。

二〇〇一年十月

アラン・コルバン

感性の歴史家　アラン・コルバン／目次

感性の歴史家　アラン・コルバン

凡例

一　本書は Alain Corbin, *Historien du sensible. Entretiens avec Gilles Heuré*, La Découverte, 2000 の全訳である。

一　翻訳にあたり、「　」、『　』などの諸記号および傍点の使用は慣例にしたがった。

一　原注は各章ごとに番号を付し、巻末にまとめた。

一　訳注は最低限必要と思われる場合にかぎり、本文中に〔　〕で挿入した。

1　ノルマンディーでの子供時代

修道院のそばの家　田舎医者　子供と戦争　歴史と記憶
生け垣《ボカージュ》がめぐらされた地方　教授資格試験　カーンでの勉強
高校教師　アルジェリアでの兵役　リモージュでの五月革命
トゥールでの監禁

■あなたは歴史の豊かな地方であるノルマンディー出身の歴史家ですね。

たしかにわたしは、クルトメールというオルヌ県の小さな町で生まれました〔一九三六年〕。父が医者としてそこに赴任したからですが、わたしたちは一九三七年にそこを離れたので、この町のことはほとんど覚えていません。父はアンチル諸島〔カリブ海〕の出身だったので、戦争がはじまりそうだと予感して故郷に戻り、グアドループに落ち着きました。けれどもそこには半年しかとどまりませんでした。理由はふたつあります。まず、ノルマンディーの田園地帯の出身である母が気候に慣れられなかったこと、それにわたし自身も重いマラリアに悩まされたからです。父の同業者たちが、もしわたしがこの熱帯地方に住みつづけるなら、病状はますます悪化するおそれがあると父に言ったので、わたしたちは一九三八年三月にオルヌ県のロンレ＝ラベイに戻ってきました。この町はドンフロンの近くにある中世からの小さな町で、すばらしいロマネスク教会と城塞の遺跡を残しています。また、六キロ離れたところには十一世紀と十五世紀にさかのぼる大修道院付属聖堂が建っていて、交差廊《トランセプト》と内陣しか残っていませんが、小教区教会になっています。その地形はベネディクト派の修道院の地形に似ていて、小川が流れ、木立が植えられて、大きな道路はありません。わたしたちの家はちょうど大修道院の向かい側にあり、そこは、日曜日になるとミサが次々とおこなわれるたいへん信仰のあつい地域でした。当時は現在ほど文化遺産の保存に注意が払われていませんでした。一九四二年ごろ、わたしは庭で遊んでいて十二世紀につくられた十字架を押した拍子に、その十字架が三つに折れてしまいました。父が木靴職人にくっつけてくれるように頼んだのですが、木靴職人は二つの部分しかつなげることができませんでした。もしみなさんがこの十字架の絵はがきを見て、おなかの部分のないキリストに驚いたなら、それを壊したのはわたしなんです。したがって、わたしは歴史家としては出だしが悪かったということになります。

■あなたのお父さんはいつアンチル諸島からいらっしゃったのですか。

父は一九〇一年生まれで、一九二〇年ごろフランス本国にやってきました。パリで勉強をして、一九二六年に医者になりました。友人のひとりがクルトメールで自分の患者を父に譲ったのです。母のほうはその土地の人でした。近所にはアンチル諸島出身者はほんのわずかしか住んでいませんでした。あなたはわたしにこうおたずねになるかもしれません。「人種差別に苦しみましたか」と。もちろん父は黒人と白人の混血で、「土地の者でない」ことはすぐに見てとれました。けれども、わたしは人種差別に苦しんだことは一度もなく、振り返ってみるとそのことはとても不思議なことに見えるかもしれません。それは父があまり人と交わらなかったからでしょうか。父はアンチル諸島の、黒人でも白人でもない中間的なブルジョワジーに属していましたが、その中間的なブルジョワジーがあらゆる自由業を独占していたのです。その点からすれば、父が医者になったのは理屈にかなったことでした。中間的ブルジョワジーは、シェルシェール〔一八〇四〜九三。植民地における奴隷制廃止を実現した〕の見方によれば、完全な同化を装っていたのです。フランス語をよく知っているということがもっとも重要なことでした。父はそんなわけで、わたしの国家博士論文を細心の注意を払って読み直してくれました。というのも、父にとって、正しいつづり方や構文はアイデンティティの構成要素だったからです。

■ そしてお父さん自身も人種差別に苦しんだことは一度もなかったんですか。

一九二〇年代にパリで医学の勉強をしていたときはもちろん経験したでしょう。しかしそのことについては、父はけっして多くを語りませんでした。この時代には、たしかに困難な状況を体験したはずです。渡航料が高すぎて、アンチル諸島に戻ることができませんでした。なにがしかのお金を得るために、パリの中央市場で運搬人をしたこともあると、ある日わたしに話してくれました。アンチル諸島からやってきてパリに住みついた混血の学生たちの一団というのは、その多くが結核で命を奪われたんですが、興味深い研究テーマになるかもしれません。しかし、もう一度言いますが、父はこのころのことはあまり話してくれませんでした。それぞれ医者と建築家になったふたりの兄弟のほかに、一九〇四年生まれの妹がひとりいましたが、去年亡くなりました。その妹はソルボンヌで近・現代史の修了証書を取得しました。彼女はセニョボスの生存する最後の弟子だったにちがいなく、先生のことをうっとりと話してくれたものです。

■ あなた自身は医者になろうと考えたことはなかったのですか。

父は田園地帯で田舎医者の仕事をしていました。当時はすべての農家に車で行けたわけではありません。お産は家でおこなわれていたので、父は道具をたすきがけにして歩かねばなりませんでした。病院はかなり離れていましたから、縫合してもらったり、予防接種を受けたり、扁腺の手術のために、人々はよくうちに来たものです。こうしたことを見ていると、医者になろうという気持ちは起こりませんでした。そのかわりに、わたしは自分が書いたもののなかに、たくさん医学的言説を用いています。医学や農村や「方言」などを、わたしはかなり早い時期から発見していました。とりわけ父の往診についていったときに発見したんです。わたしは準備科〔小学校の一年目〕に行きませんでした。初歩の手ほどきをしてくれたのは母です。学校にはいったときは、すでに読み書き計算ができました。九歳で中学校に入学しました。

■ あなたのお父さんは敬虔な信者でしたか。

たいへん敬虔な信者で、毎朝診療の前にミサに行っていました。医者というものは反教権主義者《アンチクレリカル》であってもおかしくないのに、その医者がこれほど信心深い地方でここまで信仰を実践したのですから、同化するのはとても簡単でした。他方、看護婦はいませんでしたが、六人の善良な看護修道女たちから成る信心会がありました。毎晩、彼女たちはその日の報告をしにうちにやってきました。いささか「十九世紀」的でたいそう教権支持的なこのような雰囲気のなかで、わたしは初等教育をドンフロンの聖心会で、中等教育をフレール＝ド＝ロルヌの無原罪聖母会で受けたのです。

■ 何歳まで宗教学校に通ったのですか。

一九五二年、十六歳までです。

戦中の子供

■ 一九三六年一月生まれなので、あなたは一九三九年九月に戦争が勃発したとき三歳半でした。この時期について、どんな思い出を持っていますか。

わたしは最初の記憶が「いまは戦争中なのだ」という意識とちょうど混じりあう数少ない世代に属しています。父が「戦争なんだからお利口にしていなさい」と言っていたのをとてもよく覚えています。これがわたしのいちばん最初の記憶のひとつなんです。わたしの子供時代は戦争でした。わたしはおとなたちが「平和の時代」のことをまるで天国か何かのことのように話すのを聞いていました。彼らはまた、「戦前」のさまざまな製品に言及したりもしました。けれどもわたしは「戦前」については何も知りません。

父はノルマンディーに来てからまだ二年しかたっていませんでしたが、情勢を予測して、一九一四年のときと同じようにノルマンディーが戦場と化すだろうと考えて、一九四〇年の六月には疎開を決意していました。母と父と兄たちとわたし――わたしはそのとき四歳半でした――はバイヨンヌで再会しました。わたしはこの旅の全行程を覚えていますが、それは映画『禁じられた遊び』に描かれたものに似ていました。渋滞や、車が出発するのを待ちながら野原で遊ぶ子供たちなどです。ただし、一斉射撃は受けませんでしたが。わたしたちはドイツ人たちと同時にバイヨンヌに到着しました。そのため父は前線がないことを確信したのです。わたしたちはしばらくの間、ブコーのすばらしい松林の中にとどまりました。帰路、リムーザン地方でナチス占領地区と非占領地区の境界線に阻まれ、アンバザック山脈の農家に三週間泊めてもらいました。わたしはその後博士論文のなかでこの農家の人たちのことを考察しました。うちに帰ってみると、家は完全にドイツ人たちに占拠されていました。けれども、わたしたちと一緒だった年老いたおばが結核を患っていると父が思いこませたので、軍医が恐れをなしたため、家を取り返すことができました。感染を恐れて、兵士たちはみな翌日にはもう家から出ていってしまっていたのです。

その後の数年間、占領軍はとても目立ちました。ドイツ人たちがときおり中学校にやってきては中庭で射撃の練習をしていました。ひとつ、わたしにつよい印象をあたえたエピソードを覚えています。あるドイツ人が斧で殺されたというもので、わたしは壁についた血を見たんです。わたしがよく長期休暇を過ごした祖母の所有地は広大でした。ドイツ人将校たちが家に泊まり、若い兵士たちの一団が納屋に住みついていました。彼らは中庭で体操をし、情熱をかたむけて小さな刑務所まで建ててしまいました。祖母の家や両親の家でわたしが隣り合わせの生活をした将校たちは、当然のことながらフランス人の対独協力者ではなく、とてもきちんとした人たちだったと言わねばなりません。上陸作戦前夜、東部戦線から戻り、敗戦を確信していたひとりのドイツ人将校が、状況をよりよく判断しようとラジオ・ロンドンを聞いていました。ですから、わたしたちはヴェルコールが『海の沈黙』で喚起したような雰囲気とはかけ離れたところにいたわけです。

六月六日、わたしたちは上陸作戦の砲撃で目を覚ましました。それは直線距離にして五〇キロのところでのことでした。六月の末にはわたしたちは町を離れて農村に疎開しなければなりませんでした。一週間というもの、ドンフロンとモルタンのあたりで、アメリカ人とドイツ人のあいだで激しい戦闘が繰り広げられ、モルタンは奪取と再奪取を繰り返しました。わたしたちはたった一部屋しかないとても貧しい農民の家に厄介になりました。その農民は第一次世界大戦で戦った元兵士で、戦中に知った塹壕をまねて、ジグザグの通路と支柱を備えた塹壕を掘りました。わたしたちは、八月八日から十五日のあいだ、とくに夜は、この塹壕に避難しにいきました。そのころパリはほとんど解放されていましたが、わたしたちはコタンタン半島の孤立地帯にいたのです。八月十五日、ドイツ人たちは東の方に退去するよう、わたしたちに三〇分だけ時間をくれました。農民との合意のうえで、わたしたちは反対の方向に出発することにしました。アメリカ人がいると知っていたからです。わたしたちがアメリカ人たちに追いついたとき、爆撃を受けてとてもこわかったのを覚えています。近くで破裂した砲弾の火薬のにおいは、今でもわたしの記憶に残っています。父はそれで戦線のもっと奥まではいっていく決心をしました。この有名な孤立地帯で何が起きているのか理解するのは難しいことでした。なぜなら、南に前進すればするほど、北から来たように思われる多くのアメリカ人に出会ったからです。

■ あなたはこれらの出来事についてとても正確な記憶をお持ちなのですか。

八歳半でしたから、とてもよく覚えています。アメリカ人がやってきたことは非常に大きなカルチャー・ショックで、多くの人たちもそう感じたものです。アメリカ人は一日で橋を建設することができましたし、市議会が何年も前から改修しようと考えていた道路もつくり直してくれました。アメリカ軍の兵站術はほんとうに驚くべきものでした。町のなかにパイプラインが走り、わたしたちは卵やカルヴァドス〔りんご酒からつくるブランデー〕をガソリンと交換しました。トラックで通りすがりに、兵士たちはわたしたちにタバコやレモン、インスタントコーヒー、米軍兵士に配給された食糧などを投げあたえ、ほとんど夏のお祭りのような雰囲気をつくりだしていました。けれども大きな危険は地雷でした。地雷はいたるところ、パン屋のかまどにまでしかけられていました。町の住人たちは何年ものあいだ地雷を踏みつけていたものです。わたしたちの家の戸口で、最初にはいろうとしたアメリカ人兵士もこうして亡くなりました。アメリカ人と何度かジープで走ったときの目がくらむような印象、ドイツ人による短い反撃の際に五〇パーセントも破壊されてしまった町の廃墟の中での散策、屋根がなくなり、誰の家だったかよくわからなくなった家から立ちのぼる湿った漆喰のにおい、さらには地雷の恐怖といったものが、その前の二年間送った寄宿生活とのあいだに根本的な断絶感を生みだしていました。すべてが突飛な長期休暇をつくりだし、多感にさせていたのです。

この時期のもうひとつの特徴は、わたしたちがよく高齢者たちとともに生活していたということです。高齢者たちにとって、戦争といえば一九一四年の戦争〔第一次大戦、マルヌの戦い〕のことで、彼らはその戦争のことをしきりに口にしました。母方の祖父はたえず語られる最初の戦いで殺されました。敵が目の前にいるというのに、これほど一九一四年の戦争について語るなんて、かなり奇妙なことでした。実を言えば、多くの男たちが捕虜になってしまっていたので、いま起きている戦争について解説するための材料をあまり持ち合わせていなかったんです。ただし、非常に高齢の女性の中には、ときおり自分の子供時代のことと一八七〇年のプロシア人たちの侵入のことを思い出す人もいました。こんなふうにして、わたしの心の中で戦争どうしがたがいに重なりあい、わたしはそれらの連続から時間的な深さというものを容易に学びとったのです。

▒ この上陸作戦の時期について語っている本や映画についてはどうお考えですか。

歴史と記憶のあいだに緊張関係があります。これらの出来事について、わたしは歴史の領域では何ら新しいことをもたらしはしないでしょう。けれどもそれらについての記憶は、なるべく正確に保ちたいと思っています。ところが、わたしはいくつかのずれにとても驚いています。つまり、こんにち、人々はわたしが感じないようなことを再構成しているのです。飛行機の騒音があたえる印象というのは、どんな空想の中にも移しがたいものです。たとえば、わたしたちはアメリカの飛行機をイギリスの飛行機から正確に区別することができました。アメリカの空飛ぶ要塞〔重撃機B―17〕はわたしたちをとても不安にするものでした。それが無差別に爆撃することを知っていましたから。これは現代歴史学院がアンケート調査をおこなったときにも突き止めたことですが、バス＝ノルマンディーでは、衝突の直後に、人々は「解放のときどこにいらっしゃいましたか」とではなく、「空襲のあいだどこにいらっしゃいましたか」とたずねたものです。じっさい、夜間空襲は、自分たちがいるところから何キロも離れた場所で繰り広げられていても、とても印象的でした。アメリカ人についてのわたしの最初の記憶は、ロンレ＝ラベイの市当局が設置した受け入れセンターのほうへ歩いていく捕虜の縦隊でした。わたしがここでこんなことを申し上げるのは、この種の光景をメディアがとりあげたのをいまだかつて見たことがないからです。

アメリカ人がフランスについて抱いているイメージにかんして、一九九三年に出版されたフランス経済社会評議会の報告書(1)は、多くのアメリカ人の元兵士たちが持ち続けている、分け入りがたいノルマンディーの生け垣《ボカージュ》の記憶を明らかにしていました。そして、いつ何時予期せぬものがそこから現れるかもしれないこの生け垣や垣根の記憶が、労使間の多くの紛争にいらだつ現代フランスのイメージに重ね合わされるのです。過去においても現在も、多くのアメリカ人はフランスというのはとっつきにくい国だと考えています。

生け垣というのはたしかにとても強固なもので、そこに生まれた個人に多くの刻印を残しています。垣根は根本的な何ものかなのです。コタンタン半島の南部はとても密集した生け垣がめぐらされた地方です。ドンフロン地区はオルヌ県に位置していますが、わたしたちの町は英仏海峡に接していました。でも、風景は同じでした。戦車にとっても歩兵にとっても、前進するのはとても困難で危険でした。わたしはこの風景の中で成長したので、そのことに注意を向けていませんでしたが、時間が隔たってみると、そこに上陸したアメリカ人たちがどんな体験をし、その体験が、フランスについて彼らが抱くイメージにどんな彩りを添えたのか、とてもよく想像できます。それにたいして、カーンの平原で戦ったイギリス人やカナダ人は、コタンタン半島を横断したパットン〔一八八六〜一九四五。アメリカの将軍〕の軍隊に属するアメリカ人と同じ風景は体験しませんでした。

■ そして「空襲のあと」は何をしましたか。

わたしは何年も中学校で過ごしましたが、そこの規律はとても厳しく、内規は十九世紀の中頃にさかのぼるものでした。フレール＝ド＝ロルヌの無原罪聖母会といって、小さな神学校も兼ねていました。わたしたちはそこで祈禱と瞑想の集中的な実習を受けていました。

▒ なぜそういう中学校に行ったのですか。宗教的な信条からですか。

いいえ、まったく。この地方では、中等教育は宗教団体が経営する私立学校で受けるのが伝統でした。先生たちはわたしたちにこう言ったものです「ちゃんと勉強しないと、向かい側に行ってもらいますよ」と。「向かい側」というのは、宗教教育をしない公立学校でした。わたしは中学一年から中等教育修了まで七年間、寄宿生としてこの中学にとどまりました。そして、そこでジャン＝クロード・カロンが彼の本[2]の中で描いたことを体験したんです。十六歳で、大学入学資格《バカロレア》の後半部を取得したとき、父が高等師範学校受験のための準備学級の文科一年にはいったらどうかと勧めてくれました。しかし、厳しい学校で何年も過ごしたあとだったので、わたしはもっとのびのびと勉強させてほしいと要求しました。ですから七年間自由な学生の生活を体験したわけで、そのことを後悔はしていません。一九五二年から一九五三年にかけて、ソルボンヌ大学とカトリック学院で教養課程を準備しました。哲学、フランス語、歴史、英語の授業を受けました。わたしの先生は、歴史がヴィクトール＝リュシアン・タピエ、哲学がヴラディミール・ジャンケレヴィッチとジャン・ヴァールでした。けれども試験に失敗してしまったんです。一足飛びにパリの人々のなかにはいったのは、わたしにはいささか乱暴すぎたようです。わたしは若くて、言葉があまり得意ではありませんでした。大学入学資格のA（ラテン語とギリシア語）を取得していましたが、教養課程で自分にとって致命的な英作文を選択するというへまをしてしまったんです。その後、英語はやめてギリシア語をやろうという固い決意をしてカーンに行きました。そしてカーンには一九五三年から一九五九年までとどまりました。

カーンとリモージュ

■この一九五〇年代に、イデオロギー論争に参加した記憶はありますか。

いいえ、まったく。わたしは若すぎましたし、出身地の生け垣をめぐらされた地方では、どんな方法であれ、ほんの小さな政治参加でさえ求められたことはありませんでしたから。ロンレ＝ラベイでは、一九五八年〔アルジェリアで軍と植民者の反乱が起きた〕ですら、ほとんど一枚も政治的なポスターは貼られていませんでした。人々の大きな関心事は主として市に関わるものと、自家用ブランデー製造者の特権のことでした。

■そのことは、おそらくあなたに十九世紀の農村における政治的意識の問題をよりよく理解する、あるいは推測するための道具を与えてくれたのではないでしょうか。

もちろんです。けれども、生け垣の地方というのが特殊な地方だったということをよく理解しなければなりません。十三歳か十四歳のころ、わたしはそれでもクラヴチェンコの『わたしは自由を選んだ』やケストラー〔一九〇五～一九八三。ハンガリー出身のイギリスの小説家〕の『真昼の暗黒』を読みました。わたしの目には、共産主義のロシアは地獄のように映りました。ロシア人に解放されて、あの「ウォッカ飲み」におびえた人たちの話もありましたし……。もし、共産主義に誘惑されたパリの学生とわたしを比べたなら、わたしは何も知りませんでしたが、覚めていました。

ということは、あなたはほかの著名な歴史家たちとはちがって、イデオロギー的な喪の作業をおこなう必要がなかったということですか。

そういうことです。たしかに、大学に入学すると、わたしは新左翼、ＳＦＩＯ〔社会主義労働者インターナショナル・フランス支部〕などを知るようになりました。ギ・モレはそもそもフレール＝ド＝ロルヌの出身です。カーン大学では、わたしたち九〇〇人の学生はあまり政治化していませんでした。その後、アルジェリア戦争が起こりました。当時、わたしは教授資格試験《アグレガシオン》を準備していました。筆記試験を受験したのは一九五八年五月十四日、動乱の真っ最中です。そして口頭試問では、あらたな災難がふりかかりました。明らかにわたしが馴染んでいなかった選抜試験の雰囲気の中に放り込まれたのです。最初の口頭試問では、わたしが受けてきた教育では準備が十分でなかったテーマ、すなわち「第三共和制におけるフランスの社会主義と組合運動」について論じなければなりませんでした。翌年の口頭試問では、よりわたしにふさわしいテーマにあたりました。「十九世紀におけるフランスのカトリック教会」と「ギリシア・ローマ時代のエジプトの女性」というものです。翌朝から、将来のポストについての打診が始まりました。わたしは西のほうを希望していたので、視学総監はラ・ロッシュ＝シュール＝ヨンはどうかとたずねました。わたしが仏頂面をしたので――当時は教授資格者《アグレジェ》は丁重に扱われていたのです――ポーかリモージュのどちらかを選択するように言いました。それでリモージュを選んだんです。そちらのほうが西に近かったし、一九四〇年の記憶をよみがえらせてもくれたからです。そうして、一九五九年の九月にリモージュのゲー＝リュサック高校に正式に着任したのです。

■当時あなたはどんな教育を受けましたか。

カーンで学生だったことの大きな利点は、学士号の取得準備の期間に読書をする暇があったということです。中世史では、ミシェル・ド・ボユアールのすばらしい授業を受け、一九五八年と一九五九年には補助教員の仕事で彼の補佐もしました。ボユアールには多くのものを負っています。自然地理学のさまざまな困難にたいして手ほどきをしてくれたアンドレ・ジュルノーにもです。マルセル・レナールはカーンで革命史を、アンリ・ヴァン・エファンテールは古代史を教えていましたが、何年か後にはふたりともソルボンヌに移りました。また、当時助手だったピエール・ヴィダル＝ナケからも多くを学びました。わたしは準備学級〔高等師範学校受験のためのクラス〕に行かなかったことを後悔はしていません。そこは、結局のところかなり教科書的な教養を身につけさせてくれるにすぎませんから。ソルボンヌの教授陣の一般的なプロフィールからするなら、わたしはかなり風変わりなコースをたどったことになります。

■そのころ、若い学生として、あなたは『アナール』学派が体現していたような断絶の意識をもっていましたか。

はい、たいへん明確に。それはミシェル・ド・ボユアールのおかげです。もうひとつの発見はジャック・ネレによってさせてもらいました。ネレはブーランジスム〔一八八〇年代ブーランジェ将軍によって唱えられた対独報復運動〕の経済的起源にかんする博士論文の著者であり、エルネスト・ラブルースのお弟子さんでもありました。彼はわたしたちに平均値と中央値を組み立てることを課しました。ですからわたしたちはアナールの二つの側面に気づいていました。カーン地区における国家財産について、高等教育修了証書〔一九六六年以前の修士号にあたる〕のための論文を執筆していたとき——その基本データは四〜五年前『ノルマンディー年報』に出版されましたが——、わたしは数量的な方法を採用する準備ができていました。果てしなく数字を並べ、アシニャ紙幣〔フランス革命時の国有財産担保の紙幣〕の価値低下を考慮に入れて、買い手がそれらの国家財産に実際どれだけのお金を払ったかを知ろうとしたのです。

■そして戦争中に徹底的に破壊されたカーンの町について、あなたはどんな思い出をお持ちですか。

わたしが一九五三年にはじめてカーンに行ったとき、大学はありませんでした。授業は師範学校の古い校舎でおこなわれていました。町は、オルヌ川とサン＝ピエール通りのあいだで広大な空き地になっていました。たしかに瓦礫は片づけられていましたが、再建はまだでした。けれどもすぐに新しい大学が建ち、それはすばらしいものでした。一九五四年の十月に落成しました。わたしたちはおそらく、フランスでいちばんよい建物で学んだ学生だったでしょう。大きな図書館、広々とした教室や学食を自由に使えたのですから。わたしにとって、一九五三年から一九五九年まではこの上なく快適なものでした。読書、自由、映画があり、少なくともカリキュラムは息苦しくありませんでしたから。

■ そして、リモージュのゲー・リュサック高校との最初の出会いはどんな風でしたか。

まるで冷たいシャワーを浴びせられたようでした。第一に、わたしは虚構の文学によってしか公立高校や校長がどんなものか知りませんでした。教頭の仕事や責任というものを全然知らなかったんです。公立高校の学監を私立学校の生徒監と混同していました。その上、町は陰鬱で、陰気でさえあるように思えました。もちろん町はのちに美化されましたが、一九五九年当時どういう状態だったか、想像してみなければなりません。多くのあばら屋が町を醜くしていたんです。はじめは、高校にも、その権力者たちにも、年輩の先生たちや大学入学資格試験《バカロレア》の「スーパースター」たちにも順応できませんでした。生徒たちにたいするわたしの権威はかなり薄弱でした。三ヶ月間つらいときを過ごしましたが、それ以上は長引きませんでした。というのも、一九六〇年一月十一日にセチフの近くのアイン＝ナルナでの面会が指定された単独移動許可証を受け取ったからです。わたしはとっさには理解できませんでした。アルジェリアには兵役の最後の一〇ヶ月しか送られることはないと思いこんでいましたから。じっさいには、わたしは「直接入隊者」の一〇パーセントにはいっていたんです。わたしは招集されたことがなかったので、「三日間」〔入隊前の研修〕をおこなっていませんでした。ドンフロンの憲兵隊でごく大ざっぱな予備訓練をしたことがあるだけでした。

召集令状を受け取った翌日、わたしは悲壮な老人による難しい視察を受けました。その老人は第三学年〔中等教育の四年目〕のわたしの生徒たちに実体共存と実体変化の違いと、トリエント公会議についてたずねました。この公会議がどこで開かれたかという質問にたいして、クラスの中でいちばんできる子が「トリエントの大聖堂でです」と答えました。視学はつづけて、「それはわかっていますが、大聖堂のどの場所でですか」とたずねます。わたしはトルゥーに派遣されてきたというこの人に入隊の紙を見せて、お手柔らかにお願いしますと頼みました。すると彼は「でもあなた、わたしはヴェルダンの戦いに行ったんですよ！」といって、わたしを叱責しました。

兵舎の「ソヴィエト共産党員」

■ それであなたはアルジェリアに出発するわけですね。いやいやながらだと思いますが。

ルマンのシャンズィー兵営に行きました。そこから列車でマルセイユに連れていかれ、船に乗せられました。明け方に、アルジェに上陸しました。小さな旅行かばんを持って、へとへとになって、途方に暮れていました。フランス出身のアルジェリア住人たちが「何が送られてきたものやら、見てごらん」と互いに言い合っているのが、今でも聞こえるようです。間もなく彼らはわたしたち召集兵を決定的に敵に回してしまいました。わたしたちは何日間もアルジェで構築陣地に閉じこめられたままでした。それからセチフに向けてふたたび列車に乗ったのです。そしてトラックは平坦地を、高原を走り、およそ五千人がひしめいている広い場所に到着しました。わたしたちの連隊長は後にオリンピックの準備にたずさわった人でもあり、体操の熱烈な愛好者で、零下一〇度の雪の中でわたしたちに体操をさせました。わたしたちはポーランドにいるような気がしました。こうした雰囲気の中では新兵教育というのはとてもつらいものでした。陸軍の軽飛行機基地で過ごした数ヶ月はわたしの人生の中で最悪のものでした。わたしは幹部候補生になる準備をする小隊の中で兵卒でした。それはまやかしの小隊でした。というのも「直接入隊者」であるわたしたちは、本国には戻れなかったのですから。連隊長の息子ひとりを除いて、候補生は全員落第しました。

四ヶ月後にわたしはアルジェの近くに配属されました。気候はあきらかにより穏やかでした。アルジェ地区は天国のようでした。けれども軍人は軍人のままで、初日から、アルザス出身の大佐である隊長は、わたしのことをじろじろ見てこう言いました。「ああ、おまえはインテリだな。わしはおまえを男らしくしてやろう。家族はびっくりするし、女の知り合いは賛嘆するだろうよ。おまえを特別突撃隊に入れてやる。」この大佐はドイツ軍の古参兵に小隊を任せていましたが、その古参兵はその後、外人部隊に移りました。彼にはこれまたドイツ人の軍曹がついていて、これらふたりの下士官はお互いにドイツ語しか話さないという意地悪な喜びを持っていました。わたしたちは終わることのない行軍に出かけ、ふたりのドイツ人はこうからかっていました。「おまえたちみたいな薄のろと一緒じゃ、三週間後にはパリにいても不思議じゃないな。」わたしたちはタルタラン〔ドーデの作中人物〕のように夜、庭で足を踏みならし、サラダ菜を踏みつぶしたものです。

膝が悪かったおかげで、わたしは特別突撃隊から出ることができ、ゴミ箱担当になり、その後基地の交通整理係に、そして最後には大佐の秘書になりましたが、この大佐は飛行中に死亡してしまいました。気の毒なことに大佐が亡くなったので、わたしは余暇の企画を担当することになりました。最初、恐ろしい隊長はそれに反対していました。わたしがリモージュの教員だと知り、「兵舎にソヴィエト共産党員は欲しくない」と叫んでいました。一年半の間わたしは、バーや図書館、卓上サッカーゲーム、映画などに専念しました。要するに余暇を担当したわけです。わたしは兵卒として直接入隊し、二十七ヶ月後に、主任伍長として軍隊生活を終えました。わたしは「除隊」の準備をするために、秘密投票でわたしのところの徴集兵の長に選ばれました。みんなが光栄にもわたしに与えてくれた長の肩書きのうちで、これはわたしがいちばん誇りに思うものです。一九六二年二〜三月、エヴィアン停戦協定の直前に、わたしはリモージュの高校に戻りました。

毛沢東と監禁

■ 博士論文のことにはいる前に、一九六八年五月の「事件」をどう体験したか、おっしゃってくださいま

■すか。

リモージュでの六八年五月〔いわゆる五月革命〕はかなり見せ物的だったと言わざるをえません。駅はCGT〔労働総同盟〕によって張られた真っ赤に輝く赤旗で飾られていました。高校はかつて経験したことのない騒擾を経験しました。教師たちはすっかり動転し、集会が相次ぎ、その間に幾人かの友人とわたしは視学の廃止を要求するような、おぞましげな発議をしました。正直に言って、ストライキはわたしにとって天の恵みでした。時間が自由になり、第三課程の博士論文を執筆することができたからです。というわけで、わたしはこのストライキの続行に最後まで賛成投票したひとりです。それは挑発のせいでもありました。高校の権力者たちはわたしをいらだたせていましたから。

■あなたはそれでも事件を体験しているという感じはお持ちでしたか。

はい。それというのも、メディアが提供する情報は、六八年五月の事件にリモージュでわたしたちが感じ取れるものとは別の広がりを与えていましたから。けれども、一九六一年の政変は一九六八年のそれと同じくらい重要であり、それを予告したと、わたしは今でも確信しています。わたしはそのとき休暇中の兵士だったので、アルジェリアの軍事クーデタをこの目では見ませんでした。けれども、五月に戻ったとき、兵営にみなぎっていた雰囲気の違いにはとても驚きました。ふたりのドイツ人は地下に潜り、姿を消していました。「二等兵」たちは新しい連隊長の命令を拒否していました。一九六一年は権威のとても大きな危機でした。この事件はおそらく、言われている以上に多くの痕跡を残したにちがいありません。軍事クーデタの支持者への服従拒否は目を見張るものがありました。

■そして大学における権威主義的な制度についてはいかがでしょうか。

学生としてはもちろん体験しましたが、あまり問題にはしませんでした。リモージュ大学では、わたしたちは史学科の創設メンバー（一九六七～一九六八年）でしたから、この種の問題は存在しなかったのです。最初の年に、わたしは毛沢東の中国について論じるよう依頼され、まったく知らないテーマだったので、夏休みのあいだに準備しなければなりませんでしたが。

■このようなテーマは動乱の時期にあなたに面倒を引き起こしはしませんでしたか。

厄介なことがひとつだけありました。大学コレージュ〔一九五七～六八。大学のない地方都市に設けられた教養課程の分校〕の校長がわたしを呼びつけ、わたしにたいする苦情が来ていると告げたんです。それは「労働者の力」派〔労働組合の一組織〕の責任者からの訴えでした。その人の息子がわたしの講義を受けたのですが、息子が試験に落第したのは自分が「労働者の力」に属しており、わたしが毛沢東主義者だからだと言っていました。それをのぞけば、その後三〇年間、大学で起きたどんな事件も経験しませんでした。ただし、トゥールでひとつだけ例外がありましたが。学部教授会を開くはずだった一九七六年のある日、共産主義革命同盟のアナーキストと活動家たちに監禁されたんです。彼らは、わたしたちが何かの政令に反対したとき、それが「撤回不能」なものであることを採決の際に明記しなかったといって、わたしたちを非難しました。これは正真正銘の心理劇に発展しました。わたしたちはトイレに行くことさえできずに二四時間監禁されたままだったのです。わたしは「牢番」がまどろむのを利用しようと考えて午前三時ごろ——これは軍隊で学んだのですが——脱出を試みました。けれども錠がかかっている扉にぶつかり、連れ戻されてしまいました。その数時間後、サン＝ピエール＝デ＝コールの共産党の活動家もわたしたちを解放しようと試みましたが、失敗しました。最後に大臣の命令で、CRS〔共和国保安機動隊〕によって解放されました。今でもわたしたちは（少なくともわたしはそう考えていますが）大学で監禁された時間にかんしては最高記録を保持しています。

2　九〇万のリムーザン人

博士論文のテーマ　不可能な数量歴史学　地方のイメージの捏造
人民戦線の前兆にかんする第三課程博士論文　聞き取り調査
常套句　衛生規範
パリにやってきたリムーザン出身の出稼ぎ労働者　ラファルジュ事件
階級意識とアイデンティティの確立
暴動の模擬行為　リモージュとパリ・コミューン
法曹にたいする嫌悪　村の政治の重要性
水平的な慈悲と垂直的な慈悲

アルジェリアでの兵役のあと、あなたは一九六二年三月にリモージュのゲー゠リュサック高校に戻りますね。すると博士論文のテーマに何を選ぶか、そしてまず、どの時代を選ぶかという問題が起こります。あなたは十九世紀を研究したかったのですか。

古代史のほうが好きでした。教授資格試験でいちばん成績がよかったのもこの科目です。けれどもラテン語があまり得意ではなかったんです。二十世紀の現代史のほうは、まだほんとうの意味では歴史と見なされていませんでした。十九世紀はたしかに好きでした。自分がとてもつよく結びついていると感じていましたから。

テーマはいかがですか。リムーザン地方――すなわちクルーズ、コレーズ、オート＝ヴィエンヌの三県――は、少なくとも歴史の分野では、まだ博士論文の対象にも、スケールの大きな研究の対象にもなっていなかったので選ばれたのでしょうか。

すでに地理の重要な博士論文が存在していました。ソルボンヌの教授だったエメ・ペルピユーのものです。けれどもまだ、リムーザン地方にかんする歴史の博士論文はありませんでした。ミシェル・ペローは当時エルネスト・ラブルースの助手をしていましたが、ラブルースは多くの博士論文の指導をかかえて多忙をきわめていたので、わたしはペローの助言にしたがって、クレルモン・フェラン大学の教授であるベルトラン・ジルのところに会いに行きました。ジルはすでに多くの業績を成し遂げていました。彼は経済史家でしたが、技術史の専門家でもあり、すぐに好意的な返事をしてくれました。ラブルースの承認が得られさえすれば、わたしの博士論文の指導を引き受けようと言ってくれたんです。それでわたしは師のお墨付きとでも呼ばれるものを手にいれたわけです。研究対象について考えたとき、ベルトラン・ジルは、オート＝ヴィエンヌ県だけでは小さすぎるし、リムーザン地方はひとつのまとまりを呈しているので、その全体を考慮に入れたほうが得策だろうと考えました。つまり、山を切り刻むわけにはいかないと考えたんです。そのようなわけで、わたしたちはオート＝ヴィエンヌ、クルーズ、コレーズの三県を選んだんです。

地方史にかんする博士論文をすべて机のうえに積み上げて、わたしは研究に取りかかりました。当時は時系列の歴史学とまではいかないにしても、数量歴史学がおこなわれていました。ですからわたしは価格と収入（金利収入、利益、給料）の研究に没頭しました。よい参考文献目録があったので、この研究はとてもはっきりと道筋が示されているように思えました。二年後に、ベルトラン・ジルは外国でもひっぱりだこの経済の専門家になっていて、そのうえ第四共和制の誰だったか知りませんが大蔵大臣の官房長にまでなっていましたが、その彼がこう言いました。結局のところ、こうしたことすべては知的な遊戯にすぎないのだと。じっさい、リムーザンのような地方における収入の変化を跡づけるにはどうすればよいのでしょうか。狩猟や、庭で栽培されたものや、栗林からあがる収益はどうやって計算すればよいのでしょう。それに、蓄えはどうやって見積もればよいのでしょう。ベルトラン・ジルは、農民の収入を信憑性のある方法で明らかにできるかどうかについては、とても懐疑的なようでした。ついに彼はわたしにこう言ったんです。こんなことに一〇年も費やしてはいけませんよ、と。

わたしは二馬力の車で、厳しくて広大な地方を駆けめぐりました。そして少しずつ人類学的な歴史のほうに傾いていったのです。識字教育や、人口の季節的流入、家族構成、生命にかんすることは、すべて面白い研究対象だと思いました。出稼ぎをするリムーザン人と定住するリムーザン人は対立しているということがすぐにわかりました。わたしの博士論文は、審査されたときは「出稼ぎをするリムーザン人と定住するリムーザン人」というタイトルであり、出版されたときのように『十九世紀リムーザン地方における伝統と近代性』というタイトルではありませんでした。明らかな緊張がこれら二つの世界を分離していたのです。これが論文の第一の基軸でした。二つ目の目的は、この地方が政治化した理由を見つけだすこと、地方としてのアイデンティティを形成する革新的なリーダーたちの伝説の系譜をつくることにありました。ですから、リムーザン地方における左翼勢力を特定し、説明することが重要でした。最終的に、出稼ぎ、磁器産業、法曹からなる小ブルジョワジーの影響力、民主的な支援に関心を示す多くの農民たちが決定的な要因であると思われました。この早熟な政治化と、きわめて古めかしい経済的、文化的状況とのあいだの対照が問題を提起していました。もちろん、ピエール・ヴィダル＝ナケが指摘したように、伝統と現代性という観念は十分に注意して扱わなければなりません。じっさい、昨日の伝統は明日の近代性になることもありえます。したがって、本当のテーマは、出稼ぎをするリムーザン人と定住するリムーザン人、そして左翼の伝統の誕生ということでした。

最終的なタイトルである、『伝統と近代性』は出版のときに思いつき、ソルボンヌのルイ・ジラールの判断にゆだねたものでした。いまでは最初のタイトルのほうが気に入っています。この博士論文が出版されたとき、それはもはやラブルース的なモデルにはあまり属さず、ある種の文化史になっているようでした。

小手帖

あなたは、このリムーザン地方から発散してくる「誇り」、「振る舞い」、「力」に当初から引きつけられたともおしゃっていましたね。

たしかにそうです。けれどもまた、都市景観の峻厳さや過酷さや暗さといったもの、ペシミズムも思い出さねばなりません。ノルマンディーに戻ってきたとき、リムーザン人に比べたらノルマンディーの農民は陽気だという印象を受けました。

再版の序文であなたは、ベルトラン・ジルの勧めにしたがって選んだこの博士論文のテーマが全体史を理解させてくれたこと、そしてその全体史は、すでにあなたが進むことに決めていた進路上にあると思える心性史や社会心理の歴史にとって、なくてはならぬ前置きだったと明言していますね。

兵役のあいだ、わたしはプレイヤード叢書の一冊であるシャルル・サマランの『歴史とその方法』を愛読しました。そのなかに、ジョルジュ・デュビイが心性史についてすばらしい論文を書いていたんです。それから、リュシアン・フェーヴルの『歴史のための闘い』、ジョルジュ・ギュルヴィッチの社会学の概論書、そして当然のことながらロベール・マンドルーの書物『近代フランス入門――歴史心理学試論』を熟読しました。この期間、一九五〇年代の終わりから六〇年代の初めにかけて、歴史においていろいろなことが起こり、わたしはそれ以前に学生として体験していたことから遠ざけられました。手帖を使い、そこに博士論文の当面のテーマを書き付けました。こうして、身振りについての歴史を考えるようになったんです。けれども、もしわたしがこのようなテーマをラブルースに提案していたら、彼はわたしのことを奇人あつかいしたことでしょう。当時は、大学教授には権力があり、破壊的な力をもっていましたから。

この博士論文のなかには、あなたの最新作であるつつましい木靴職人ルイ＝フランソワ・ピナゴの将来の人物像や、『人喰いの村』で展開されるような民衆の運動がすでにうかがわれます。けれども、逆説的なことに、感性にかんするあなたのその後の著作のいくつかはまだ予感されません。

それは、感性の歴史がまだ存在していなかったからです。少なくとも十九世紀にかんしては。リュシアン・フェーヴルがたしかに情緒の仕組みについての歴史を主張していました。すなわち愛や憎悪などの歴史です。けれども、彼の主張には誰も耳を傾けませんでした。

のちににおいとか、セクシュアリテとか、視線の美学といったテーマをあつかうことができるようになるには、おそらく初めはもっと古典的な歴史とつきあっておく必要があるということでしょうか。

たぶんそういうことでしょう。しかし、わたしはすでに乗り出していました。博士論文では、〈他者〉の視線の重み、リムーザン人の価値をおとしめるべく流布されたイメージなどに驚きました。地方のイメージの捏造――ラブレーに見いだされる、あの聖職者の鉛色の袖無しマントだとか、『プルソニャック氏』を滑稽な人物にしたてあげるモリエール、ラ・フォンテーヌ（『乗り合い馬車とハエ』）、そして、とりわけラファルジュ事件の際――は、研究するととても興味深いものです。気の毒なリムーザン人はつねに外部の視線によってうち砕かれ、自分たち自身で逆のイメージを作り出すことができなかったのです。この点を強調しなかったことをわたしは遺憾に思っています。こんにちなお、リムーザン地方がある種の遅れ、とくに経済的な遅れを示しているとすれば、その理由のひとつは、このように想像の産物が重くのしかかっていたことにあるのです。

■ あなたが選んだ一八四五年から一八八〇年という日付は、ある一世代の時代の輪郭を浮き上がらせてくれていました。すなわち、奥深い十九世紀とでも呼べると同時に、共和国と社会主義が出現した時代です。

それは流行だったんです。ラブルースのチームと二月革命史学会のなかでは、歴史家たちは十九世紀中葉の経済危機を極端に誇張していました。彼らはそこから二月革命と第二共和制が始まったと考えていたのです。したがって、この日付は当時主流だった歴史記述の一環を成しているにすぎません。人々は二月革命の価値を高めるために、進んで七月革命をないがしろにしました。わたしはみんなと同じことをしただけです。けれどもわたしはリムーザン地方における革命の重要性を十分に検討しなかったと批判されました。

レオン・ブルムの金の食器

■ あなたはまた、途中で第三課程の博士論文も書きましたね。それはどんな経緯だったのでしょうか。

高等学校で教えながら国家博士論文を準備していて、三年のあいだに、すでに必要な資料調査を積み重ねていました。ところがわたしには後ろ盾がなかったので、第三課程の博士論文の公開審査を受けないと、高等教育機関では教えられないだろうということがすぐにわかったんです。ベルトラン・ジルがある助手のポストの話をしてくれました。そのポストは博士論文を準備中であるわたしに与えられる可能性もあったのですが、一九六五年、最終的にルイ・メルマーズに与えられました。今になって考えてみれば、将来国民議会の議長になる人と同じ座を争ったということはかなり名誉なことです。ただし、彼がほとんど研究をしていなかったのは事実ですが。

ベルトラン・ジルの勧めにしたがって、わたしはリモージュが所属しているポワチエ大学へ、ジョルジュ・カステランという聞き取り調査の熱烈な支持者に会いにいきました。昼食の最中に——当時は教授たちは社交的でした——彼は人民戦線〔一九三六年、レオン・ブルムを首班に政権を樹立した右翼政党連合〕の前触れについて聞き取り調査をしてみるようにとわたしに助言しました。それは一九六六年当時は先駆的な方法だったのです。それに、ジョルジュ・カステランは、第一次世界大戦の始まりの頃についての大がかりな調査を終えたばかりでした。この調査があまり引用されることがないのは残念なことです。とても良くできた調査ですから。そんなわけでカステランは、まだ生存している選挙人に会いにいって、なぜ彼らが人民戦線に投票したのか理解してみてはどうかとわたしに提案してくれました。彼は、聞き取りをする相手のサンプルをつくり、彼らに会い、二〇ばかりの質問をしてみるようにとわたしに勧めました。それでわたしは一年間インタヴューをおこなったんです。一九六八年に、この第三課程の博士論文の公開審査を受けました。その頃、わたしは新設されたばかりのリモージュの文系の大学コレージュで助手をしていましたが、一九六九年に、世論史研究所を主宰していたジャック・オズーフがわたしをトゥール大学に専任講師として呼んでくれました。

■ 第三課程の博士論文[1]を準備していたころ、まだ生きている当時の関係者たちに接触することはできましたか。

選挙人名簿を比較してみて、わたしは、一九三六年に投票し、一九六六年にもまだ登録されていた人のサンプルをつくりました。一年間、かなり古典的でいささか退屈な新聞調査をおこなったあと、翌年、およそ二〇〇のインタヴューを実行しました。興味深く感じたのは、たしかに、何年も研究したあとでようやくじっさいにリムーザン人に会ったことでした。

■ どうやってインタヴューを実行したのですか。テープレコーダーはお持ちでしたか。

とんでもない。一九六六年のことで、世論調査はいまよりずっと少なかったですから。テープレコーダーなどを持ち込んだら、相手を怖がらせてしまったでしょう。わたしはひそかにノートをとり、車に戻るやいなや不足を補ったものです。最初は、一九三六年の名簿からその年に投票した、名前が「バ」と「ベ」で始まる人を拾いました。それから、現用の選挙人名簿を見て、生存者の住所を書き留めました。ベルを鳴らし、自己紹介しました。リモージュのゲー＝リュサック高校の教師の肩書きを持っていたので、それが真面目な調査であることを保証してくれました。当然のことながら、人々はわたしの訪問の目的にいささか面くらい、ときにはかなり珍妙な状況に遭遇させられることもありました。選挙人名簿には載っていても、すでに死亡している人もいて、未亡人の家のベルを鳴らしたこともあります。農村では犬に立ち向かわねばならないこともありました。さまざまな質問をする人間に不安を抱く人もいました。彼らはわたしが泥棒にはいろうとして目印をつけにやってきたのだと考えたんです。また、「隠しカメラ」という、人々を知らないうちに撮影する当時の有名なテレビ番組のために、わたしが彼らの人のよさを利用しているのだと思った人もいます。さらに、過ぎし日を思い起こしながら泣く人までいました。

わたしは社会学の手引書を勉強したので、話の核心にはいるまえに警戒を解くための前置き的な質問をいくつか知っていました。かくして、リモージュの社会党の市長であるレオン・ブトゥールのことを話題にすることによって、信頼を獲得することができました。この市長は半世紀以上ものあいだ市長の座にとどまり、たいへんな人気を博していました。ブトゥールについて話しにきた人間には好感をもち、逸話をしゃべりたくなるんです。個人というものは自分の意見を覚えていることができないという議論は間違いです。彼らがかつて感じていたことを思い出すためには、彼らをその状況においてやり、家族のなかに起こった出来事に結びつけてやりさえすればよいのです。この調査のいくつかの結果は意表をつくものに見えるかもしれません。この民衆の選挙人のなかにはレジスタンスをおこなった左翼の磁器製造人がたくさんいましたが、わたしはこうして五〇パーセントの人がピエール・ラヴァル〔一八八三〜一九四五。フランスの政治家〕に賛成意見をもっていることを知りました。あなたの反論にまえもってお答えするならば、彼らは一九三五年のラヴァルと対独協力派のラヴァルをはっきり区別していました。しかし一九三五年のラヴァルは気に入っていたんです。それはとくに、彼が公務員の数を「減らし」たからで、そのことは歴史的英断の一例として多くの人たちが記憶しているものでした。

わたしはこの時代にかんする研究ではまれにしか発見されることのない一連の常套句を突き止めました。多くの人々が「金の食器で食べる」レオン・ブルム〔一八七二〜一九五〇。人民戦線内閣首相をつとめる〕にそれとなく触れたものです。さらに驚くべきことには、わたしが質問をした人たちの多くが、金塊を詰め込んだ「金の列車」について話しました。それは、一八七一年の〔普仏戦争〕敗北のあと、フランクフルト条約で定められた五〇億フランの賠償金を積んで、パリの東駅からドイツに向かって出発したと思われる列車のことでした。わたしはまた彼らに、ドイツ人やイギリス人やイタリア人をどう思うかとも尋ねました。一九一四年から一九一八年の戦争に参加した人たちにとっては、ドイツ人はやっつけられたので、事はすでに解決していました。彼らはかつての敵対者について、ある種の敬意をもって語りました。まったく意外なことに、先祖代々の敵は、「塹壕で紅茶を飲む」イギリス人でした。イタリア人にかんしてもっともよくあらわれるイメージは、農村をまわって椅子のわらをつめかえる職人のものでした。彼らは「働き者で」、「感じがよくて」、「陽気だ」ということでした。リムーザン地方のこれらの労働者や農民のイタリア人にたいする意見は、この記憶のおかげで好ましいものとして定着していたんです。もちろん、失敗に終わった質問もいくつかあります。そのうちのひとつはエチオピア皇帝《ネギュ》にかんするものでしたが、多くの人々は誰のことかわからず、返答に窮してしまって、「労働者階級に親切」なので好きだ、などと答えた人さえいました。細かいことになりますが、一九三六年の選挙人名簿は「アドルフ」という名前であふれていましたが、その一〇年後には、もう残っていませんでした。何度も、昔の「アドルフ」の家のベルを鳴らしては、きっぱりとした調子で「ここにはアドルフなんていませんよ！」という返事をされたものです。二百件ほどのインタヴューにたいして、わたしは三四パーセントの割合で拒絶されました。これでもこんにちだったら立派な成績でしょう。

第三課程の博士論文の準備中におこなわれたこのアンケートは、国家博士論文の執筆にどんな点で影響をあたえましたか。

この機会に、わたしは自分がそれまで知らなかった社会階層である磁器製造人たちに出会いました。労働わたしの人生において、農村で農民や職人と接することはもちろんそれまでにもありましたが、労働者と接することはありませんでした。これらの人々に会い、どこでどうやって生活しているのかを知り、彼らが住んでいる界隈を駆けめぐって工場を訪れることによって、軍隊での体験に加えて「民衆」というものを少しばかり知ることができました。

あなたはこれらの三つの県からなる一万七千平方キロメートルを余すところなく踏破したのですか。散策はしましたか。

この地域を踏破し、たくさん散策しました。こうしてリムーザン地方の九百の村を覚えました。

あなたの博士論文ではよく荒れ地《ランド》が問題になりますね。それは地理、民族学、歴史の辺境地帯で、何でも起こりうる、不可解な場所ですね。

荒れ地は広大です。わたしの目には、リムーザンの荒れ地のほうがスコットランドの荒れ地より大きいように見えるのですが、スコットランドの荒れ地ほど有名にはなりませんでした。ウォルター・スコットもいなければ、幽霊も映画もありません。しかしながら、見渡すかぎりのヒースは多くの物語を生み出すことができるかもしれません。

パリに住み着いたリムーザン出身の出稼ぎ労働者とリムーザン地方に定住したままの人たちとのあいだでどちらを選ぶかは、難しくありませんでしたか。

いいえ。それというのも、アベル・シャトランがすでに出稼ぎ労働者については研究していましたから。出稼ぎ労働者の問題には、『時間・欲望・恐怖』のなかの論文〔「出稼ぎ労働者の生態」〕であらためて立ち戻りましたが、当面はリムーザン地方だけにとどめておきたいと思いました。そのおかげで、わたしは人口の流入が農村地帯にどのような影響をおよぼすか調べることができました。

あなたは経済学者のレオンス・ド・ラヴェルニュの話を引用していますね。彼は一八七七年に、栗の木のかげにかくれたクルーズ県の農村の住居について描写していました。この地方には、「泥だらけの」道の奥に、「寝室に空気の通わぬ」貧しい家々がありました。生活と労働の条件は惨憺たるものでした。そんなとき、研究に際して苦痛偏重は避けがたいのではないでしょうか。あなたはいつでもそれを警戒していますが。

こういうものははまさしく、現在だったら書きはしないものです。外部の観察者の視線というのは、そこに住んでいる人間のものとはまったく異なる衛生規範の体系をもっています。レオンス・ド・ラヴェルニュは、パリの社会のなかで活動するすべての有力者たちと同様、外部の視線をわたしたちに伝えているんです。これらの証人たちは人類学者ではないので、自分たちが観察していることになっている規範体系の内部に入り込みはしません。この種の寸評はしたがって、彼らが見下した言葉を表明する相手についてだけでなく、話し手である彼ら自身についても教えてくれるんです。彼らが観察していると思っていたものは、通気を奨励する衛生学あるいは前パストゥール的な衛生学の立場からすれば耐えがたく見えたわけです。こんにち人々は、一九六〇年代よりはるかに、言説の構築のされ方や、視線の管理のされ方、歴史が書かれるにいたるまでの手続きに関心をもっています。わたしが少年時代を過ごした町では、水道が引かれたのはわたしが学士課程に在学していたときのことです。ですから、それ以前はシャワーも風呂も問題外でした。すべては相対的なものなんです。

ガチョウが渡ってくる

あなたはある種の欲求不満や嫉妬の原因には、住人たちが感じている「孤立感」があるとおっしゃっています。もし農民たちが筆をとることができたなら、こうした孤立し、見捨てられ、満たされていないという感覚は、イヴ・ヴァデが『十九世紀の発明[2]』のなかで語っているような時間の知覚形態《クロノティップ》のなかに現れることができたのではないでしょうか。

おそらくそうです。リムーザン人が感じる劣等感は一連の要因によって強められています。文学がその要因のひとつであることはすでに見ましたし、人々の受け入れ態度や中傷にも、リムーザン地方からの出稼ぎ労働者たちは堪え忍ばなくてはなりませんでした。彼らは、首都に向かう道すがら、からかわれました。「渡り鳥のガチョウ」と呼ばれて冷やかされたり、「栗の実食らい」などと罵倒されたりしたんです。パリに着けば着いたで、今度はパリの労働者たちが彼らをあざけるのでした。リムーザン人たちは移住労働者の立場にいました。ラファルジュ事件の最中には、パリの新聞はリムーザン地方にたいしてきわめて残酷でした。

■この有名なラファルジュ事件というのはいったいどんな事件なんでしょうか。

マリー・ラファルジュは貴族で、破産した一家の一員でした。彼女はコレーズ県の西部の製鉄業者と結婚しましたが、夫は一八四〇年に亡くなりました。おそらくヒ素を盛られたんです。いずれにしても、彼女は有罪だと宣告されました。彼女が天使だったか悪魔だったかは、今後もけっして知ることができないでしょう。その後、モンペリエの中央刑務所に投獄され、『監獄の時間』を書きました。彼女は死の数週間前にルイ・ナポレオン・ボナパルトによって恩赦をあたえられました。新聞の時評欄をにぎわせたこの事件を機に、ジュール・ジャナン〔一八〇四～一八七四。フランスの作家〕が「リムーザンの野獣たちのなかに消えたあわれな花」を取りあげました。この点について、ラファルジュ事件は示唆的です。わたしはこの事件についてロール・アドレールとおしゃべりしたことがありますが、彼女はその後、この逸話にかんして『愛とヒ素』という書物を著しました。

一般に無産者階級と呼ばれているものの輪郭を明らかにするのは容易なことではないようです。対象となるのは社会的上昇の望みのない農業労働者、冶金業者、樵、たが職人、製造所の職人、あるいは自分たち自身も以前は労働者だったつつましい経営者や、磁器製造業者などです。この磁器製造業者の一部である金メッキ工や七宝細工師は、植字工と同様に労働者のなかではエリートに属していますが。「階級意識」を理解するにはどうしたらよいのでしょう。それを把握し、同定し、その実体を推測するには、どのようにしたらよいのでしょうか。

現在ではもう、同じ問い方はしないでしょう。むしろ、アイデンティティはどのようにして形成されたのか、と問うのではないでしょうか。マルタン・ナドー〔一八一五〜一八九八。リムーザン出身のフランスの社会運動家、政治家〕やパリで石工として働くすべての出稼ぎ労働者については、このような問題提起がなされます。これらの人々が知り、体験したことのすべて、家族への愛着、土地を耕す習慣、世襲財産を殖やしたいという欲求、通りがかりに受ける侮辱の言葉、仕事を見つけることの難しさ、大部屋での生活、パリの住人たちの受け入れ態度やまなざしなどを考慮に入れたうえで、いったいアイデンティティはどのようにしてつくりあげられたのでしょうか。若い出稼ぎ労働者は、ひとたび故郷に帰ったときに受ける称賛と、首都でこうむる蔑視とのあいだで揺れ動きながら生きなければなりませんでした。他人が自分を見る視線を推し量るというのは、ここでは興味深いことです。ですから、階級意識についてよりも、複数のアイデンティティの構築についてお話ししようと思います。そもそも、これらのリムーザン出身の労働者たちは、パリの住人と同じ社会的時間のなかには生きていませんでした。リムーザン地方では、ヴィエンヌ川流域には繊維産業の中心と石切場がいくつかありましたが、それ以外の場所に定住している人々はもっぱら職人でした。あなたが階級意識と呼ぶものにかかわっていた人たちといえば、ヴィエンヌ川流域の磁器製造人たちだけです。彼らはカベ、フーリエ、そしてとりわけピエール・ルルーの弟子たちであるサン＝シモン主義者たちに教化されていました。

三角形の内側

一八四八年の暴動の際、人々は城の風見鶏を引きちぎって壊します。なぜでしょうか。

それは方々でおこなわれたことですが、模擬行為によく似たものです。人々はフランス革命ごっこをしているんです。同じ行為をおこないますが、血を流すのは避けるんです。貴族も司祭も非難し、櫓のてっぺんについた風見鶏を壊しますが、それは、風見鶏が貴族の特権を象徴しているからです。地下貯蔵庫に侵入して、酒樽に大きな穴をあけたり、タンスを開けてリンネル類を持ち出したりします。けれども誰もたたきのめしたりはしません。つまりこれは演劇化された反復なんです。

あなたはこの地方が文化的にたいへん遅れていることをずいぶん強調なさっていますね。『テレマック』〔一六九九年に発表されたフェヌロンの教育的な小説『テレマックの冒険』のこと〕や旧約聖書を読む人はいても、新聞・雑誌はほとんど普及しておらず、文化面での整備が遅れていることを確認していらっしゃいます。このことは世論史全体にとっても前提になっているのでしょうか。

リムーザン地方はサン＝マロとジュネーヴをむすぶ線の南側に位置し、ジャック・オズーフが定めたサン＝マロ、クレルモン＝フェラン、バイヨンヌという三つの地点がつくる三角形の内側にあります。この地方では、人々はあまり読書をしません。郵便の往来にかんする研究からは、とくに農村では郵便物がほとんど行き来していないことがわかります。新聞・雑誌についても同様です。けれども、文化的な遅れを云々する場合、何と比較してそうなのか考えねばなりません。もちろん、学校にはあまり紙類や教科書がありません。本屋も図書館も本がそろっているとはいえません。しかし、リムーザン地方の出稼ぎ労働者は読み書きができます。そもそも、出稼ぎ労働者と定住者のあいだにははっきりとした対照があります。それに、文盲と無知を同じものと考えないように気をつけねばなりません。

女性の立場はとても強いように思われます。一八四八年六月十五日にアジャンで、女性たちが暴動を率いています。彼女たちはまた、もっとも熱心な信者でもあります。一八七一年四月にもパリ・コミューン参加者を支援するデモの先頭に立っていますし……。

……一九一七年にも、平和主義的な騒乱をそそのかしています。それに、一九〇五年にリモージュで起こった大きな暴動も挙げねばなりません。それは、女工たちに乱暴をはたらいた職工長たちにたいしてなされた非難によって引き起こされたものです。でも、何か起きたときに、女性たちが無気力な地方なんてご存じですか。

しかしながら、あなたはこの博士論文のなかで、将来の女性の女性史家たちに道筋と指標をあたえたのではないでしょうか。

はい。けれども、女性史はまだ生まれていませんでした。

ルイ＝フランソワ・ピナゴにかんするご著書が出版されたときに、あなたは『テレラマ』[3]のインタヴューに応じて、十九世紀のノルマンディーの木靴職人の研究よりも難しいのは女性研究だろうともおっしゃっています。

もちろんです。十九世紀の一般女性についてはほんのわずかのことしか知られていません。女性は徴兵されないし、選挙人でもありません。女性が納税者なのは家長の場合だけです。唯一の痕跡として、出生証明書に残されたものがあります。わたしはルイ＝フランソワ・ピナゴの妻とじかに知り合うことができませんでした。彼女は半透明なままです。彼女がいつ子供を産み、いつ死んだかはわかっていますが、たったそれだけです。

一八七一年のパリ・コミューンにたいする支援がリモージュで起こりますが、これはどう説明したらよいでしょう。多くの地方では、パリ・コミューンは若い共和国にたいするひどい裏切りだと考えられていましたが。

リムーザン地方は伝統的に、ボナパルト主義者で皇帝を支持するか、それとも「赤」かのどちらかで、穏健的な共和派ではありませんでした。さきほども申し上げましたが、磁器製造の労働者たちにはピエール・ルルーの思想がしみこんでいました。そのうえ、パリ・コミューンの多くの反徒が、一八四八年六月のときと同じように、首都で進退窮まって戦闘に参加したリムーザン人でした。裁判にかけられた多くのパリ・コミューン参加者がこの地方の出身者で、逃走者はクルーズ県まで追跡されました。リムーザン出身の労働者は反乱の中心地区に住んでいました。それに、舗装工やほかの建築関係の労働者たちはバリケードを築くのにうってつけだったのです。一八七一年にはリモージュそのものも揺れました。ここにリモージュの三つの左翼のうちの二つが再登場します。

たしかに、都市のブルジョワジーにたいする農民の不信感には驚くべきものがあります。とりわけ、代訴人と弁護士にたいしてです。一八五〇年のアルフレッド・デュランの『農民への歌』は、弁護士というのは「何もせずに食べてばかりいる」人間だといっています。地方政治にたずさわる人たちにたいするこの不信感の原因はなんなのでしょう。それは政治化することへの抑止力にはなっているんでしょうか。

この時代のリムーザン地方の農民は法曹が好きではありません。法曹たちが正義に訴えるとき、彼らはそこに記録を残します。というのも、村での対立や憎しみに対処するために、正義を道具として利用するわけですから。執達吏も非常に悪く思われています。なぜなら、彼らは農村での借金に中心的にかかわっていて、差し押さえの主要な執行者だからです。農民はほんのわずかの現金しかもっていません。彼らは物々交換と相互扶助で暮らしています。ところが、裁判に訴えるとか、裁判所に引っぱられることになると、お金を払わねばなりません。それはじゃがいもや栗を人にあげるのより、ずっと心が痛むことです。借金を返済したり、持参金をこしらえたり、第二子以下の働きに報いるために現金を蓄えておくのです。

基本的な核

■あなたは村の政治、とくに村議会が選挙で選ばれるようになった一八三一年の法律が非常に重要だとおっしゃっていますね。普通選挙より一七年も早く、政治生活を学習する機会が生まれたことになります。

これは、わたしが博士論文を執筆していた頃より、現在のほうがずっと強調されている点です。一八三一年は、投票を学習するという点できわめて重要な日付です。ピエール・ロザンヴァロンが指導したクリスチーヌ・ギュイヨネの研究[4]がそのことをはっきりと強調しています。

■リムーザン地方では、基本的な核は町や郡よりも、また村よりも、集落です。そのことは、社会的なもののより地域的なものが優先されることも示しています。

このことは、リムーザン地方をヴァンデやヴァールやオルヌなどの県と比べたとき、独自の性格になっています。周辺集落の性格があるんです。地中海的な大きな市場町があり、そしてこのリムーザン地方の集落があるのですが、集落は教会や役場がある村の中心よりもしばしば重要です。集落は村の一区分に相当します。リムーザン地方では、集落は独自の共有財産を所有しています。

■ですから、社会的なものより地域的なものが重きをなすわけですね。

少なくとも、それは本質的な与件となっています。地域的な側面はリモージュそのものにも存在しています。リモージュでは、都市の地形が互いに異なる社会環境を対立させています。つまり、中心地、城、肉屋が集まった通りといったものが、それぞれに独自の様相をそなえた地区を形成しているのです。

結局のところ、地域的なものは、相互扶助的な社会の発展と活力を説明するための主要な論拠ではないでしょうか。あなたは「水平的な慈悲」と「垂直的な慈悲」のちがいを強調していらっしゃるのですから。最近出た本が(5)低地ブルターニュで同じことを確認しています。貧乏人は神と人間の「取りなし人」であり、だから結婚式や葬式に招待されるのだと。直接的な施しのほうが援助を組織化しようとする論理よりも好まれるのです。そもそも低地ブルターニュでは、その援助の組織化の遅れが目立っているわけですが。

人々は自分が知っている貧乏人、共同体に属している貧乏人を扶養するんです。よそからやってきた物乞いが村を横切るのは見たくありません。何よりもまず、互いが知りあっている社会なのです。

■国家博士論文の執筆と公開審査についてはどんな思い出がありますか。

一九六八年の十一月から一九七二年の十二月にかけて執筆しました。論文を送った翌日、木を植えに行きました。イタリアポプラです。それらの木が現在の高さに達したのを見ると、この博士論文はつい最近できあがったわけではないのだなあと気づきます。公開審査は、一九七三年の五月にクレルモン＝フェラン大学でおこなわれました。出版は一九七五年です。八百部刷られました。とてもぶ厚い著作でしたから、この部数は多く感じられますが、当時は、地方にかんする博士論文は、ある程度はけることが約束されていたのです。

3　歴史家と娼婦――『娼婦』

リムーザン人から娼婦へ　歴史と性現象《セクシュアリテ》　フーコーへの参照
生物学的な災禍　歴史における苦痛偏重の罠
歴史における文学的資料の利用
パラン＝デュシャトレの大がかりな調査　悪徳の社会的流通
十九世紀における不安の形態　女性の歴史から男性の苦悩の歴史へ

アレクサンドル・パラン＝デュシャトレの著書である『十九世紀パリにおける売春』が、一九八一年にスイユ社からあなたの注と紹介で部分的に再版されますが、その裏表紙には、あなたは「『娼婦』で一般大衆に知られるようになった」著者であると記されています。『娼婦』は、あなたが博士論文のあと出版する最初の本で、小手調べでありながら名人芸だったわけです。どんな経緯でこの最初の出版はなされたのでしょうか。

この本は最初オービエ社から、かならずしも一般大衆向けではない叢書の一冊として出版されました。この叢書は当時モーリス・アギュロンが責任編集をおこなっていましたが、その彼が『アナール』誌にわたしの博士論文の書評を書いていてくれていて、売春にかんするわたしの研究に関心をもっていたんです。

『娼婦』は大成功をおさめた本で、一九七八年に出版されます。リムーザン地方の研究から売春の研究にはどのように移行したのでしょうか。なぜあなたはこの方向に進むことになったのですか。

ある研究対象を選ぼうと決心をする理由というのは、いつの場合でもなかなかわかりづらいものです。けれども、あとから考えてみれば、博士論文とこの本とのあいだにはあるつながりがあったことに気づきます。すでに申し上げたように、博士論文は『リムーザン地方における伝統と近代性』というタイトルですが、公開審査のときのタイトルは「出稼ぎするリムーザン人と定住するリムーザン人」でした。建設関係の労働者がこのように季節によって大量に移動し——毎年六万人もです——、夏季のあいだ三月から十一月までパリに赴くということは、きわめて重要だと思えたのです。博士論文では、出稼ぎするリムーザン人については、ほんの一部を割いただけでしたが。彼らはパリでは主としてパンテオンとシテ島のあいだに住んでいました。ある者は十一月には国に戻り、またある者は二年に一度、そして五年に一度しか戻らない者もいました。彼らは皆、クルーズ県で子守りをし、次男以下や高齢者とともに畑仕事をしている妻たちにたいして、じつに固く貞操を守っていると言われていました。けれども貞節で理性的であり、共同寝室でたがいに監視しあっていると言われていた人たちが、「公娼」であふれる地区に住んでいたという事実にわたしは驚いたんです。このように隣り合わせになっていたのですから、ときおり出会いがあったとしてもおかしくはありません。わたしは博士論文のなかでは、とくにこの問題を深く論じたわけではありません。しかしこの問いがあったからこそ、つぎにパリの売春について研究しようと思いたったんです。

もちろん、アメリカ人がすでに研究していました。けれども、一九七五年にこのテーマで研究し始めたとき、わたしはとても驚きました。『フランス史書誌年報』という、毎年、歴史家のあらゆる研究をたいへん正確に調査し目録に作成している年報のインデックスに、「娼婦」がひとつも項目としてあがっていなかったんです。それはつまり、この活動は当時、歴史の一対象となるほどの価値のないものだと見なされていた証拠です。歴史家の研究のなかでわずかながら売春に触れられることがあるとすれば、それは病院や貧困、死、あるいは病に関係したものでした。一方、県の保存記録の４Ｍという分類のなかにはおびただしい量の史料がありました。国や市による調査や、国会での討論や調査、裁判記録を別にしてもです。研究の対象はたっぷりとあったわけです。わたしは「フランス的な制度」の研究をし尽くしたなどとはとても言えないのです。その後まもなく、売春は広く研究されるテーマになり、イタリア、イギリス、ドイツ、オランダにまで及びました。しだいにヨーロッパでは膨大な参考文献目録が作られるようになりました。

■ あなたの本は売春にかんする論争が巻き起こった時期に出版されたわけですね。

その点からすれば、多少運がよかったのはたしかです。金銭ずくの愛を場合によっては自由化しようとする権利要求や討論、そして報告書が最高潮に達し、娼婦たちの大きな運動が巻き起こってまもなく、この本は出版されました。それは社会的なテーマになっていました。四半世紀経ったこんにちでは、もはや状況はちがいます。

「これは道路管理の問題だ！」

金銭ずくの性を歴史家たちが扱わないという事実は、あなたの本の前書きからすでにあなたをいらだたせているように見えます。あなたはこう書いています。「この欠落は問題である。〈歴史家と娼婦〉これこそわたしが同僚たちに考えてもらおうと提案するテーマである。（……）いまや、現代フランスの歴史家が戸籍管理者に付き添われずに夫婦の寝室にはいっていくときである」と。あなたは金銭ずくの性を十九世紀の歴史に不可欠な探究対象として正当化し、その歴史性を主張し、それをいささか挑発的に断言していらっしゃいます。

はい。それは歴史的人口統計学の専門家たちにたいするちょっとしためくばせだったんです。というのも、当時は、性の歴史は人口統計学の側面からしか存在していませんでしたから。生殖の間隔や出生率などは計算されていましたが、性行為そのものは研究されていませんでした。とはいえ、ジャン＝ルイ・フランドランの『農民の愛』(1)は挙げておくべきでしょう。この本は近代の性《セクシュアリテ》現象にかんするものですが、十九世紀についても数ページが割かれていました。

性現象の歴史は、リュシアン・フェーヴルがぜひとも必要だと主張し、ロベール・マンドルーによって着手されたにもかかわらず、なぜこれほど長いあいだ省みられなかったのでしょうか。概念化が難しかったからでしょうか。史料の解読が経済史や政治史を優先させてしまったからでしょうか。ある種の原資料を故意に忘れ去ったからでしょうか。それとも、このような歴史は真面目でないと非難される可能性があったからでしょうか。また、このようなテーマにたいする歴史家たちの嫌悪はどう説明したらよいのでしょう。なぜこんなに遅れたのでしょう。

なぜか、ですって? それは明白ですよ。第一に、現代史はほかのテーマに注意を集中させてきたからです。すなわち、社会運動、階級闘争、経済成長、共和主義化の運動、左翼による大衆の征服、などです。第二に、この種の歴史はあまりまっとうなものには見えなかったからです。それ以前は、伝統的に、威厳をたもつためには大学教授たるものは——わたしも一九七三年からそうでしたが——ほかのテーマをあつかわねばなりませんでした。じっさいには、歴史家たちは、第三共和制の国会議員たちが軽蔑のまなざしで見たのと同じ態度をとっていたのです。議会で売春を扱おうとしたとき、代議士たちは法律を制定するのを拒否しました。このことからみて、売春は十九世紀には不法行為ではなかったわけです。立法府は、売春を法制化すれば体面をけがすことになると確信していました。したがってこの微妙な問題は、規制にかかわるものとなります。上院議員のベランジェがこの問題を上院で審議させようとしたとき、国会討論の記録に明記されているところによれば、聴衆の反応は「笑」でした。大半が娼婦の常連であるこれらの腹の出た御仁たちが、なぜこんなふうにこの問題を排除しようとしたのか注意してみると面白いでしょう。議会で、わたしの記憶が正しければ一八七八年に、きわめて簡潔な表現でこの問題を一蹴したのはガンベッタ〔一八三八～一八八二。フランスの政治家〕です。「これは道路管理の問題だ」と言ったんです。この表現はフランスの統制主義全体を反映していました。それは執政政府時代〔一七九九～一八〇四〕以来、金銭ずくの性をあつかってきたやり方をよく示しており、ある意味では大学人たちの態度も予告していたんです。別の言い方をすれば、道路管理の問題である以上、公的な空間や道路、病院、監獄に言及するときに、このことを話題にできるわけです。

売春というものを、「売買春する」カップルである二人のパートナーのあいだの交流の一形態と定めたために、わたしは挑発的に見られていました。けれどもそのことがジャーナリストにはたいへん気に入られていたんです。彼らのうちのひとりは、わたしの本がその年の「もっとも重要な政治関係の本」だと言ってくれました。

なかには、わたしがミシェル・フーコーの思想に従属していると非難した人たちもいましたが、フーコー自身はあたたかみのある手紙をくれました。とりわけ、わたしはパリでの論争のまっただ中に無理やり置かれたような気がしました。そのうえ、ジャン＝ポール・アロンとのあいだに少々問題も起こりました。アロンはほとんど同じ時期に『西欧のペニスと風俗壊乱』(2)を出版していました。こんなわけで、『娼婦』はある種の反響を呼び、論争を巻き起こしたんです。

■ ご著書の最後に、あなたは、ご自分が意図するのは、社会心理の単純な記録簿を超えて、「性の欲望と快楽と悲惨の歴史」を提案することだとお書きになっています。ということは、あなたはエロティックなものを排除する歴史人口統計学をただ単に越えるという以上のことをなさりたかったんでしょうか。

たしかに、売春の歴史は当然のことながら女性にかかわるものですが、その原動力になっているもの、すなわち男性の欲望の諸形態を十分に理解しようとするのが条件だと考えていました。それは男らしさの歴史でもあったわけです。この本では、男性の性的悲惨や、誘惑のまやかしに対する欲望の高まりについても研究したいと望んでいました。

『アナール』誌の青いページ〔『アナール』誌が選んだ本を紹介したページ〕では、この本は社会史の本として紹介されていました。

わたしが目指したのは、言うまでもないことですが、売春の諸形態にかんする逸話的だったり人目を引いたりする歴史ではなく、十九世紀に男性たちがこれほど娼婦にたよったそのメカニズムを理解することでした。そしてまた、性《セクシュアリテ》の社会的表象のなかに、金銭ずくの愛のさまざまな機能を突き止めることでもありました。娼婦が典型的ではっきりとした特徴をもっているかぎり、「貞淑な女性」は貞淑なままでした。なぜなら、一方は他方によって定義されるからです。一方の特徴が消え、ぼかされ、混乱したときから、他方のイメージも変化したんです。

あなたはこの歴史が「この時代を理解するための特権的な接近方法」だと強調しています。したがって、「集団的な妄想」とあらゆる不安への接近方法だと。つまりとても野心的な歴史なんですね。

性的自由のテーマがもはやあまりメディアでとりあげられなくなったのは、娼婦と「貞淑な女性」の特徴が以前ほどはっきりと対立しなくなったからです。十九世紀に、娼婦のプロフィールが変化することによって男性たちがとても恐れていたのは、女性たちがもしかしたら性的に解放されてしまうかもしれない、という多かれ少なかれ幻想的な考えでした。そのうえ、世紀末には、娼婦というものは性病を患い、アルコール中毒で、ときには結核にもかかっていると考えられていました。学者たちは娼婦が退化《デジェネレサンス》の犠牲者だと言っていました。要するに、娼婦は時代の大きな生物学的災禍をすべて象徴し、体現していたんです。

ものの形をゆがめるプリズム

苦痛偏重はすでに、あなたが避けようとする危険な障害物としてあらわれています。これはあなたがほとんどすべての著作において、その執拗さを強調し、警戒をゆるめない方法論的危険です。あなたはそれをどのように定義なさいますか。

貧困、苦痛、苦悩、失敗といったものは、愁訴や苦情を引き起こすので痕跡を残します。それにたいして、安楽、幸福、快楽はあまりテクストを生みだしません。もちろん、手紙のなかでそうした感情が声高に表明されることはありますが、ジャン＝マリー・グールモもはっきり示しているように、快楽のレトリックというのは元来とても貧しいものです。この不均衡が痕跡の不均衡をもたらすんです。歴史家は貧困と苦悩を繰り返す膨大な量の資料と向き合うわけです。

■ いわば、ものの形をゆがめるプリズムだということでしょうか。

まさにその通りです。原資料がもっているこの効果は、イデオロギー的な理由から歴史家を満足させる場合、たちの悪いものになります。わたしは、たとえば七月王政の時代の労働者たちの不幸について研究する人々のことを考えているのですが。愁訴がしばしば人目を引く要素をそなえたテクストを生み出すと、罠はますます恐ろしいものになります。

ところが、歴史家たちは人目を引くものに出会うのが大好きです。彼らは未来の読者たちのことを考えていて、その読者たちも人目を引くものが好きだからです。十九世紀にかんして言えば、社会の全体的な光景はしばしば、わたしがさきほど挙げたようなあらゆる理由で陰気に見えます。この傾向は、高等教育と中等教育の教科書ではいまだにはっきりと見られるものです。この苦痛偏重にはもうひとつ別の理由もあります。つまり、歴史家というものは、自分が公民としてひとつの役割をあたえられていると感じているんですが、その役割ゆえに、彼は不幸や過ちや罪状といったものを、正義を取り戻そうとする気遣いとともに示さなければならないんです。歴史家はしばしば、これらの不幸が永続することに終止符を打とうという気持ちに突き動かされるわけです。苦痛偏重はこのように、暗黙の告発によって肥大化していきます。こうしたことから、繰り返しになりますが、国民の安楽や喜びなどは彼らにかんする本のなかにはきわめて付随的にしかあらわれないということになってしまうんです。歴史書の読者の関心を引きつけるのは、まず第一に生活の困難さを描写したものです。これはそもそも、こんにちのメディアのなかにも見いだせる傾向です。君主の結婚にいくつか触れる以外は、ニュース番組は苦痛を偏重します。アンリ゠ピエール・ジュディー(3)が強調した、惨事にたいする願望に刺激された言説を流すのです。歴史家たちは、苦痛偏重のこの論理について十分には考えてこなかったのではないでしょうか。

『娼婦』は、原資料が多様ですね。文学もあれば、行政的・医学的言説もあり、警察や裁判所の資料もあります。検証の手続きはきわめて複雑だったのではないでしょうか。とりわけ、あなたはとても流動的な対象を把握しようとなさったのですから。

文学的な資料については、わたしは過ちをおかしました。その後は同じ過ちを繰り返してはいませんが。その過ちというのは、文学的資料をあまりに文字通りに受け取りすぎて、暗黙のうちに証拠としての価値をもっていると考えた点です。エミール・ゾラが『ナナ』を書くとき、彼はまず芸術作品をつくるんです。彼は自分の幻想を表現します。自然主義だと主張されるものは、現実そのものを描くのではなく、現実だという錯覚を呼び起こす策略に依存しています。こうしたことは、文学研究者であればよく承知していることです。ところが一九七五年には、歴史家たち――そしてまず第一にわたし――は、歴史を記述するに際しての、虚構《フィクション》の文献の位置づけにかんするこの必要欠くべからざる省察に十分な注意をはらっていなかったんです。虚構の文献は実践のモデルになることはできますが、信憑性の枠を越えてほんとうの意味で実践の証拠になることはけっしてありません。著者は、幻想的作品のほうに方向転換したくないのであれば、また、読者が信憑性があるとみなせるものを書くという契約を読者と結んでいますから、この信憑性という絶対命令は遵守しなければなりませんが。

『娼婦』を書くのに使った資料はたしかに多様です。しかし残念ながら、もっともよく使われたのは行政関係の資料です。医学的なものであれ、警察のものであれ、裁判関係のものであれ、それらの資料は管理から、より正確には、「フランス的な制度」、すなわち統制主義から生み出されたものです。そのため、わたしは、かつて娼婦だったことがあり、売春は人生の一段階に過ぎなかったような女性たちの経歴、伝記を再構築することはできませんでした。金銭ずくの愛が書き込まれた一連の自伝があれば、売春がどんなものだったかがよくわかるでしょう。娼婦たちは「世間に復帰する」ので恐ろしい、と言いながらパラン＝デュシャトレが提案したのはこのことです。この表現は明示的です。あれこれ考える男性たちによって幻想化された性の知識を用いて、彼女たちはこれから「世間」で何をするのでしょう。イギリスでは、婦人会長や慈善事業の活動が盛んで、プロテスタント教会の数も多いので、フランスよりも容易に娼婦たちの伝記を再構築することができます。たとえばフランシス・フィネガンがヨークの町についてそれに成功しています。公娼についての研究でわたしが遭遇した二つ目の障害は、男性の言説を相手にしていたということです。いくつかの嘆願書や手紙をのぞけば、女性の言葉はほんのわずかしか残っていません。別の言い方をすれば、売春に関係した資料は、まず男性について書くことを可能にするということです。同様に、女性のヒステリーについての歴史を書くなら、十九世紀の男性がもっていた幻想にかんして多くのことがわかります。

この時代のこのテーマについて研究した著者としては、ジャン＝ポール・アロンとロジェ・ケンプ、ミシェル・フーコー、ジャン＝ルイ・フランドラン、ジャック・ソレ、あるいはセオドア・ゼルディンがいますね。

一九七〇年代の最後の数年は、大学人による歴史がきわめてメディア化した時期だということが、それを説明してくれるでしょう。エマニュエル・ル・ロワ・ラデュリ、フェルナン・ブローデル、ジャン・ドゥリュモー、ジョルジュ・デュビィ、そしてフィリップ・アリエスがテレビの画面に登場した時期です。そのことは、当時、心性の歴史と呼ばれていた、感情や情緒、情熱に大きな比重をあたえる歴史の成功とも関係しています。

あなたはとりわけパラン＝デュシャトレと彼の『パリ市の売春について』(一八三六年)から出発し、彼が売春の様々な形態(量も含めて)を研究し、売春を必要悪として提示し、衛生学上、あるいは道徳上、売春がなぜ社会に存在し、それがどのような結果を生み出しているかを描くことによってこの領域を開拓したことを示しています。これらは社会史にとって、研究の手がかりになっています。

十九世紀の社会を観察したすべての人たちのうちで、パラン＝デュシャトレはもっとも偉大です。インタヴューの方法、統計の練り上げ方、アンケートの実施方法、本人の社会参加などにかんしては……

■とっさにはむしろヴィレルメ〔一七八二～一八六三。医者、社会学者〕のことを考えますが……

それはそうです。しかしパラン＝デュシャトレのほうがあきらかにすぐれています。そのことはもっと強調すべきです。彼はもちろん自分の幻想に導かれていますが――ヴィレルメにおいては幻想はむき出しの状態です――、体系的な調査を実施することができる人です。およそ二千ページにおよぶ娼婦にかんする彼の浩瀚な著作が、その能力を立証しています。わたしはたしかにパラン＝デュシャトレから出発しました。しかし、彼の研究は王政復古期の最後から七月王政のごく初期におこなわれたものです。彼の大がかりな調査は一八二八年から一八三〇年にさかのぼるのにたいして、わたしの研究は十九世紀中頃あたりから始まります。それに、フランス全体をあつかおうとも思いました。だから一九七六年に史料を求めてフランス一周をおこなったのです。同じことはのちに『音の風景』を準備するためにもしましたが。

パラン＝デュシャトレが「娼家」を訪ねる

■あなたの本にかんして出版されたいくつもの論文のなかにミシェル・フーコーの名前がでてきますね。

それは理由がないわけではありません。ミシェル・フーコーはその二年前に『知への意志』を出版していましたから。けれどもわたしはヒステリーについて語ったわけでも、子供の身体や同性愛について語ったわけでもありません。「フーコー的」だと見えたものは、『知への意志』にではなくて、『監獄の誕生』にかかわっていたんです。わたしは、娼婦たちがつねに当局の浄化の視線によって監視されているのをすぐさま見て取りました。少なくとも当局はそのようなことを目指していたんです。彼女たちは娼家に監禁されるか、行政機関の事務所に「登録され」、きわめて頻繁に監獄や病院にはいっていました。これら三つの場所を行ったり来たりしているのは明白でした。いささか単純なフーコー的視点を採用しようとするならば、娼婦たちは彼女たちの身体を傷つける権力の「標的」だと考えられるのです。ミシェル・フーコーがもたらしたものを過小評価するわけではありませんが、このような監禁や行き来を確認するにはフーコーを参照するまでもなかったと言いたくなるほどです。フランスの統制主義的な制度を研究すると、それは明白な事柄として認められます。これは執政政府の論理です。わたしが賭博を研究させ、鐘について調査したときも、統制主義的な意図をふたたび見いだしました。

あなたはそれ以上のことを主張しますね。観察の発達、あるいは社会科学の発達は、権力を行使し、秩序を逃れるものを阻止することを目的としていると説明なさっています。抑制することへの意志であろうとする、もしくはそのような意志として用いられる知への意志。統制主義的な企図をともなう知識への意志です。

パラン＝デュシャトレは経験社会学の起源に位置づけられる人ですが、彼は、衛生学者というものは「社会という機械の舵取り」でなければならないと考えています。彼がおこなう調査は、警視庁の後援を受けて実施されています。こんにちだったら、そんなことは隠すかもしれませんが、彼は隠し立てすらしません。パラン＝デュシャトレは別の目的で「娼家」に通っていると告発されないように、警官に付き添ってくれるように頼んでいます。社会を観察することと社会を管理することとのあいだの関係が告白され、宣言され、主張されるわけです。まさにこの場合は、暴露すべきものなど何もありません。すべてが公然のものです。身体の支配、パノプチコン、暗がりに光をもたらそうとする意志。こうしたものはすべて、十九世紀前半の文学と精神の特徴になっています。人々を脅かす売春というものが存在しますが、それは暗がりでおこなわれる売春なのです。

▒ 暗がりでおこなわれる売春もまた広がっていきますね、とくに『ナナ』において。

はい。この小説は売春という悪徳が社会に広がっていく様子をわかりやすく示しています。それは道徳的秩序の時代の典型です。この時代には、金で女を買う男は家族の破滅をもたらすのでとても怖がられています。すでに十九世紀の初めに、この危険はベロー（『パリの公娼と彼女たちを統制する警察』〈一八三九年刊〉の著者）によって告発されていました。彼はその観点からしたらパラン＝デュシャトレよりも面白いです。

▒ パリ・コミューンもまた、放火女たちのイメージをまきちらして思いがけぬ役割を果たしましたね。

たしかにそうです。パリ・コミューンに反対だった人たちにとって、それは、ほかの形象——火事や、無政府主義や、国際化など——にもまして乱痴気騒ぎの様相を呈していました。

あなたは、金銭ずくの性の抑圧には、ブルジョワジーによる労働者の抑圧が付き物だということを示しています。これは、あなたの本を批評した何人かの批評家たちを安心させた点ではないでしょうか。社会史を理解するうえで鍵となる古典的な要素《パラメータ》をふたたびそこに見いだしたわけですから。

そうです。十八世紀の末には、娼婦たちを監視するということはまったく別の目的をもっていました。家庭の秩序を保護し、次男以下を安全な場所にかくまい、乱交パーティーで身を震わせている聖職者たちを見つけることなどを目的としていたのです。十九世紀の大衆的な売春については、別の図式が認められます。それは労働者を慰め、精液の下水渠となり、働く者がより穏やかな気持ちで自分の仕事に戻れるよう、衝動を鎮める機能を持っているんです。このような幻想はパラン＝デュシャトレの統制主義のなかにもすでに見いだせます。こうした幻想は貴族的な性格のものではありません。

金銭ずくの性にかんするこの研究のなかで、あなたはご自分が探していなかったどんなものを見つけましたか。また、探していたのに見つからなかったものはどんなものでしょうか。

先ほども申し上げましたが、見つからなかったものは人生です。つまり、どのようにして人は売春婦になるのか、なぜ売春婦になる誘惑に負けてしまうのか、ということです。これはいまでもわたしを熱中させている点です。たとえば、バリケードについてわたしたちがおこなった調査(4)も、この点は明らかにしてくれませんでした。どのようにして、たんなる通行人にすぎない人がたまたまバリケードの後ろで戦い、衝突が過ぎると、ふたたびたんなる通行人にもどることができるのでしょうか。こうした突然の態度変更はつきとめてみたらとても面白いものです。娼婦の場合、期間もかなり短いようです。この問いに答えてくれるような本は一冊も存在せず、わたしはすべてを発見しなければなりませんでした。すぐにわたしの関心を引いたのは、制度が一貫したものであるということと、――これはきわめてフランス的なことなのですが――その制度を現実に適用することが不可能だということでした。網はみごとに設計されていましたが、大部分の魚を逃がしてしまっていたわけです。

財産を濫費する女たち

社会管理をしなければならない対象はいろいろありました。というのも、あなたの本のなかには、あらゆるカテゴリーのブルジョワ、貴族、外交販売員、労働者、軍人、学生、作家、レオ・タクシルのようなジャーナリストなどが登場します。したがって金銭ずくの性は、社会全体がそこを経由する十字路のように見えます。それと同時に、あなたは売春の空間と民衆の空間は一致しないことを示しています。この場合、労働者階級はもっとも好色な階級というわけではないのですね。

アブラハム・フレックスナーは一九一三年に、すべてのフランス人男性が娼婦とかかわったことがあると主張しました。たしかに、スイルヴァン・ラパポールが最近博士論文[5]で触れているたくさんの文献は、ほんものの貞節は庶民階級のなかに見いだせると確証してくれています。労働者階級こそが有徳の階級なのです。何百もの小説が民衆は善良だと繰り返しています。けれどもそれは社会的想像力に依存したことであり、実際には、当時のほとんどすべての男性が、彼らの生涯のそれぞれ異なる時期に、金銭ずくの性に頼っていました。

> ティソ博士によってすでに十八世紀から激しく告発されてきた自慰の脅威に加えて大きな脅威は、人体と社会を攻撃する性病の脅威でした。そこには退化《デジェネレサンス》の脅威があると見られていました。

不安のかたちは十九世紀を通じて変化していきました。ウイルスによる病は人に恐れをいだかせます。フローベールが自分の下疳をあざ笑い、そんなに心配していないと言ってもです。けれども、一八六〇年代から、退化や先天性梅毒への不安がふくれあがってきます。性病はそれ以来、まったく別の深刻さをもつようになります。人種、国家、家族、個人が脅かされるのです。この不安は一九五〇年ごろまで続きました。

> 売春のもうひとつの脅威は道徳上のものです。逸脱や、擦淫（女性同士の擬似性交）、婚姻外の性、社会の腐敗などを伴いますから。

金銭ずくの愛のあいまいさの中でももっとも人々が不安を感じるもの、それは洗練された売春とでも呼ばれうるものです。ルイ・フィオー博士は、パラン＝デュシャトレの延長線上にいながら彼に抵抗している人ですが、彼によれば、娼家は「精液の下水渠」だと見なされていました。けれども人々は、とりわけ世紀末には、子供や若者たちがあまりにはやく手ほどきを受けてしまうことをひどく恐れていました。また、「濫費癖のある女たち」の支配下に落ちた家の息子たちによって財産が浪費されることにも不安をいだいています。そしてつまるところ、性生活が洗練されるのを避けようとするのです。オモ博士は、シャトー＝ゴンチエ〔マイエンヌ県〕では若者たちが娼家のなかでフェラチオを覚えてしまうと嘆いています。一連のエロチックなテクニックが流布するわけですが、それらは、フーコーが第二世代の性科学者と見なす人々――そこにはクラフト＝エービングも含まれます――によって、すべて倒錯として明示され、命名されようとしていたものでした。もっとも恐ろしい危険は夫たちがこれらのテクニックを妻たちに教え、娼婦たちから習った恥ずべきことを強要することでした。お金や性道徳や性病をめぐるこれらの不安は、フェリシアン・ロップス〔一八三三〜一八九八。ベルギーの画家、彫刻家〕やジョリス＝カルル・ユイスマンス〔一八四八〜一九〇七。フランスの作家〕の作品のなかに見いだせます。

売春はさらに政治的なパンフレットのなかにも見いだせます。それは人々を動かすことができる論拠としてあらわれ、あらゆる陣営がほぼ意見を一致させているものです。右翼は売春に反対ですが、資本主義によって生み出された災禍とそれが強要する生活条件を告発する左翼もまた、無政府主義的な一部の人たちを除いて反対しています。

相反する陣営にいる人たちがひとしく売春に反対していますが、その理由は異なります。一方は金銭ずくの愛を罵倒しますが、防ぐことはできないと考えています。ここには、娼家の建設へと導いたパラン＝デュシャトレによってふたたび取りあげられた、必要悪というアウグスチヌス学派の教義が見いだせます。他方も反対していますが、廃止を訴え、抗議するという立場からです。彼らは売春は禁止しなければならないと主張します。けれども両者とも、これは災禍だと考えています。唯一の例外は無政府主義者や、ガブリエル・タルド〔一八四三〜一九〇四。社会学者〕やオクターヴ・ミルボー〔一八四八〜一九一七。作家〕のようなある種の思想家たちでした。ミルボーにとっては、『娼婦の愛』(6)のなかで書いているように、娼婦は理想的な妻であり、彼は娼婦のあらゆる長所を述べています。

反軍国主義者たちもまた、兵営を新兵が無為と飲酒と金銭ずくの愛を学ぶ場所だと見なしていました。兵営での生活を少しばかり知っていれば、最小限言えることは、彼らの告発が根拠のないものではないということです。

リュシアン・フェーヴルと愛の歴史

一九七四年に『アナール』誌に発表した論文のなかで、アンドレ・ビュルギエールは歴史家たちを性の歴史の研究へと駆り立てていました。しかし、リュシアン・フェーヴル、ロベール・マンドルー、フェルナン・ブローデルらもすでに歴史家たちをこのような探究へといざなっていなかったでしょうか。

はい、最初の二人についてはそうですが、わたしの知るかぎり、フェルナン・ブローデルはちがいます。そもそも、このことは驚きです。性現象は、彼が研究する物質文明においてはほとんど役割を演じていないように見えますから。それにたいして、リュシアン・フェーヴルのほうは「わたしたちは愛の歴史をもっていない」と残念がっていました。

ある種の歴史家たちが、歴史の対象として性現象や欲望の問題に大胆に取り組む歴史家たちの著作を読んでいてほっとさせられるのは、彼らがそこに、より古典的な社会史に結びついた主題を見いだすためです。たとえば、フランソワ・ドスは、「新しい歴史」のいくつかの欠点を軽妙に批判した『粉々の歴史』(7)のなかで、あなたの本に触れてこう書いています。「アラン・コルバンが十九・二十世紀の売春を研究するとき、彼は自分の時代区分を社会＝経済構造の進展との関連で設定している」と。ここには一種の安堵が感じられます。

わたしがこの本を書き始めたのが一九七五年という移行期、ラブルース派の社会史の諸命題からの解放期だったというかぎりでは、彼の言っていることは正しいと思います。しかし一方で、人はそう簡単に偉大なモデルから離れられるものではありません。いずれにせよ、性的悲惨を研究するということは、社会史を否定することではありません。売春と性的悲惨が社会的想像力、社会構造、社会的実践と結びついているのは明白です。欲望が表象から切り離され、完全にエアクッションのうえに売春の歴史を作り上げるなどということがどうすれば可能か、わたしにはわかりません。民衆についてのさまざまなイメージが与えた影響を例にとってみましょう。それらのイメージは社会的逸脱へと促します。じっさい人々は、民衆というものは動物性に近いと想像しています。それゆえ、民衆の女は動物的だということになります。民衆の女を金で買うことは、ブルジョワ精神にとっては、自分たちの階層を特徴づけるものよりも大きな動物性に向かうことになります。そこにはたしかに社会的論理が存在しているんです。

前パストゥール的な神話を横断し、生理学者たちが忘れたものを突き止め、欲望とにおいと香りのあいだのロマン主義的な結合を明るみに出し、ブルジョワジーが社会的な悪臭に対置させる感覚上の反撃を突き止めるわけですね。結局のところ、あなたの本は歴史家たちへの新たないざないで終わっています。それは、社会史もまた――あるいはようやく――「情動」の表現を考慮することにしよう、といういざないです。それはちょうど、あなたがこの爆発の危険をはらんだ道を進み続けることを予告しながら、導火線に火をつけるようなものです。これが続きを予告する方法なのでしょうか。

あとからそう言うのは簡単です。

ここ数年促進され、多くの出版物をうみだしている女性史との関係では、あなたはご自分の本をどう位置づけますか。パイオニア的なものでしょうか。

わたしはつねにミシェル・ペローの仕事に多大の注意をはらい、賞賛の念をもってそれらを読んできました。彼女はわたしの長年の友人で、高等教育修了証書を準備していたときから一緒でした。わたしが『娼婦』を執筆していた頃、彼女が推進した女性史は、女性の歴史家たちによって研究されていました。けれども、わたしの本は結局のところ、女性と同じくらいに男性も対象としていたので、快く受け入れられたんです。この本がアメリカで出版されたとき、何人ものイギリス人の同業者が、フェミニストたちの側からの厳しい反応があるだろうとわたしに予告していました。しかし、じっさいにはまったくそんなことはありませんでした。二〇年たった現在、この本がまだ参照されつづけているのを見て、うれしく思います。一九八四年に、『女性史は可能か』[8]の起源になったサン＝マクシマンでのシンポジウムに際して、十九世紀には、男性の苦悩は女性の苦悩よりも大きかったのだという考えを主張しました。このときから、わたしは男性史を主張するようになったんです。ミシェル・ペローはそれに同意はしましたが、むしろ両性の関係史をつくったほうがよいのではないかと言いました。これはある意味では、アメリカのジェンダー・スタディーズに対応しています。一九九八年に、わたしはフランソワーズ・テボー[9]から、彼女の本の序文を書いてほしいと頼まれました。ですから、数年前まではわたしの立場は奇妙に見えたかもしれませんが、今ではだんだんそうではなくなってきているわけです。けれども、わたしは強調します。十九世紀特有の男性の苦悩というものはたしかに存在していたんです。オディール・ロワネット＝グラン[10]がつい最近もそのことを示しました。

4　黄水仙と前浜——『においの歴史』『浜辺の誕生』

嗅覚と社会的想像力　精液の霊気《アウラ・セミナリス》　歴史における資料
手立てとしての語彙　都市のにおい　観察者の新しい地位
時代錯誤の罠　ブローデルの長期持続《ロング・デュレ》
一八〇〇年に同じ岩に座っていながら同じものを見ていない二人の男
風景の主観的読解　古代の海、古典主義時代の海、近代の海
美的で劇的な岸辺　感じられていないことと言われていないこと
ブライトンの浜辺　感性の歴史と技術の歴史　文学と鑑賞方法
透明性について　オシアン風の文学

『娼婦』ですでにあなたは、トゥールーズ・ロートレックが描いたような売春宿について語りながら、そこにただよっているにおいに言及していました。つまり、娼婦と、娼婦がそのみだらな実例になっていると見なされる世界を社会的・文化的に規定する、あのきつくて頭をくらくらさせるようなにおいです。娼婦というのは臭いものだと思われていました。なぜなら、娼婦は社会の腐敗の原因だとされていたからです。『娼婦』のなかで、あなたは十九世紀の売春を再現するよりも、娼婦をめぐる欲望のもろもろのかたちを研究しようとしましたが、それと同様に、『においの歴史』でも、香水の歴史を記述するより、嗅覚がどのように用いられ、その用いられ方が十九世紀後半の社会的想像力が作り上げられていくにあ

■ たってどのような役割を果たしたかを理解しようとしています。

たしかにわたしはきっぱりとしています。『においの歴史』ではけっして香水の歴史を書こうとはしませんでしたから。そもそも、そんなことはわたしにはできませんでした。この歴史の専門家が大勢いますから。わたしはまた、においそのものの歴史を書こうとも思いませんでした。「嗅覚と社会的想像力」という、この本の副題はきわめて明快です。じっさい、売春について研究していたときわたしは、娼婦のことを指すのに執拗に嗅覚的な言及がなされていることに驚きました。社会的類型が構築され、一連の『生理学』が執筆された時代であることを考え、この類型の創造がなぜこれほど執拗に嗅覚的な言及を介在させたのか、もっとよく理解してみたくなったんです。それからわたしは、嗅覚的なものを強調することの論理的側面を読みとろうとしました。そのために、医者たちの記述を読み、当時の公衆衛生学とその衛生学を決定づけている感染理論を勉強することになりました。したがって、重要なのは、学者たちがにおいは危険だと強調すること、そこから生じる警告の方法、社会的想像力の構築、空間の諸表象といったものを関係づけることでした。ですから《シャン》叢書から出た、より完全な版では、この本はアレ教授がおこなったセーヌ川の土手の散歩で始まっています。彼の話には嗅覚的なことが山ほど指摘されています。

■ たしかに、一七九四年にパリに設けられた公衆衛生学の講座の最初の正教授で、王立医学会会員のジャン＝ノエル・アレでしたね……

……彼の胸像が医科大学の玄関にあります……

……彼が悪臭や空気と水の汚染を突きとめるために、一七九〇年にセーヌ河畔を歩いていたのを知って、あなたは嗅覚的知覚の歴史についての本を書こうという思いたったのでしたね。あなたはどんな機会にこれを発見し、いつこのような企てに取り組もうと考えるようになったんですか。

あなたはこの本が嗅覚的知覚にかんする本だとおっしゃいますが、もっと一般的には、感覚的メッセージの受容と評価にかかわる感性の歴史の一様相について、こんにちなされているさまざまな考察の一部をなすものです。いまや、このテーマについては一連の著作が存在しています。『描かれた大聖堂』(1)の冒頭で、セゴレーヌ・ル・マンは、このような視点での感性の構築にかかわるアメリカとフランスの研究を総括しています。なぜわたしは『娼婦』から『においの歴史』に向かったのか。おそらくジョリス＝カルル・ユイスマンスの『さかしま』を読んだことに導かれたのでしょう。主人公のデ・ゼッサントは過去の香りを復元します。わたしはこれらのページにたいへん驚きました。『娼婦』が出た直後に、スイユ社からパラン＝デュシャトレの本の抜粋を出版するよう頼まれました。そのためわたしは彼の『公衆衛生学』の二つの巻を研究していました。この著作を読むと、嗅覚的な言及にじつに圧倒されてしまいます。パラン＝デュシャトレの売春にかんする本の序文を執筆しながら、気がついたんです。「売春婦 putain」という語の語源によれば、――これはおそらく誤りなんでしょうが、当時人々はそう想像していました――売春婦というのは変なにおいのする女なのだということに。ですから、娼婦と嗅覚的想像力の歴史のあいだには、たどるべき論理的な筋道があったわけです。このことは、ほかの多くの社会的類型についても言えます。十九世紀のエリートたちは民衆から抜きんでるために身体を消臭し、においを持たないように努めます。パトリック・ジュースキント(2)が、体臭のない人物についての本を書きたいと思ったのもおそらくそのせいでしょう。

■彼は自分の本を書くのにあなたの本から着想を得たのでしょうか。

ええ、訳者であるベルナール・ロルトラリの言葉を信じるならば、そうです。いずれにしても、筋立ては同じです。パトリック・ジュースキントは彼の人物をレ・アルに誕生させます。レ・アルはわたしがパリでもっとも嗅覚的な場所だと考えていたところです。作者はそのあと、主人公を嗅覚的でない空間、つまり山に赴かせます。においとアイデンティティの関わりが彼の小説の軸になっています。いくつかの目立たない引用、たとえば精液の霊気への言及などが、二冊の本を近づけています。けれどもわたしはこのような借用にはなんら不都合を感じていません。歴史家がほのめかしたことから小説家が着想を得るというのは、いつだって面白いことです。このように社会的想像力のなかに嗅覚が介入してきたことについては、世紀末になると完全に方向転換がおこなわれることも指摘しておきましょう。もはや社会的類型ではなく、人種が問われるようになってきます。そうなると嗅覚は、人種的偏見を表明した系譜の一部になるのです。

有毒な風とかぐわしい香り

序文によれば、知覚の歴史あるいは歴史心理学の領域はあまりに危険をはらんでいるように見えるので、あなたの唯一の野心は、ほかの資料に加えられることによってのちの総括に役立つような資料を提供することです。ここでは、「資料を提供する」という表現は、あらゆる前書きで用いられているたぐいのたんなる用心ではなく、ある確信ではないかと感じられます。すなわち、過去の言説や行動を理解するには、原資料の研究と集団による解読が必要だという確信です。

資料を提供するという考え方はある特定の意味に解釈しなければなりません。この点にかんして、わたしはリュシアン・フェーヴルに賛成です。つまり歴史は蓄積によって構成されるとは思わないのです。それぞれの世代が自分たち自身の問いを発しますし、研究者たちは同じ次元に立っているわけでもありません。「資料をつくりあげる」というとき、建築物を完成させるためにほかのものたちの役に立つような、いわば煉瓦を提供しようと言っているわけではありません。ある視点を採用しなければならないし、心理学的な時代錯誤を避け、世界の表象体系や、場合によっては評価体系をつくりなおさなければならないということは知りつつも、テクストの理解に役立とうと言っているにすぎません。ディドロ〔一七一三〜一七八四。フランスの作家、哲学者〕とカバニス〔一七五七〜一八〇八。フランスの医師、啓蒙思想家〕以来、われわれは、たったひとつの感覚だけを研究するのは正しくないということも知っています。たとえば二つ目の感覚[3]は、さまざまな干渉が織りなされていることを教えてくれます。十九世紀全体が、とりわけボードレールや象徴派が、この種の交感《コレスポンダンス》に熱中しました。けれどもだからといって、美術史家たちが視線の歴史に満足しなくなったわけではありません。結局のところ、われわれは同じ問題に直面しているんです。視覚にかんする研究とカナダ人の歴史家マリー＝シェーファー[4]以降の音の風景にかんする研究の重要性は、周囲の状況をどう評価するかといった、方法の研究に寄与します。さまざまな「資料」は、感覚的メッセージを理解し、あたらしいテーマを構築する、より大きな歴史のために互いに協力しあうんです。ジョナサン・クレーリーは彼の本[5]のなかで、十九世紀におけるあたらしい観察体制、あたらしい観察者の地位、あたらしい視覚文化について語っています。それらは動力学や、それ以前の規範の破壊・崩壊、つかの間のもの、加速、速度などに基づいていて、きわめて興味深いものです。わたしは、これを嗅覚や聴覚において生起していることと関係づける必要があると思います。たとえ西欧社会が視覚中心主義だとしても、そろそろ統合の試みをおこなう時期が来ているのではないでしょうか。視覚については、多くのすばらしい研究があります。わたしのほうは、嗅覚と聴覚に関心をもったのです。わたしの知るかぎり、触覚にかんしてはたいしたものはありません。厳密な意味での味覚もとても貧弱なもので、無視してもよい感覚です。

■ ジャック・ル・ゴフが『煉獄の誕生』で、味覚がどうやって排除されたか示していますね。

それは味覚と嗅覚が地獄へと向かう階段だからです。神秘主義者たちにとって、瞑想に近づこうと思ったら、五感を闇に閉ざさなければなりません。精神的な自由を得るためには五感を闇に閉ざすべきだというこの幻想《ファンタスム》は、西欧文明のなかではとても根深いものです。

最初に疑念があります。感覚の序列のなかで、嗅覚がもっとも評価が低いのではないかという疑念です。『においの歴史』のなかで、あなたはもっとも不遇な人、もっとも評判の悪い人、個人と社会の私的な部分にもっとも深くかかわっている人に取り組んでいます。

嗅覚は西欧のすべての哲学者たちによって糾弾されました。そのことは、動物が人間よりはるかにすぐれた嗅覚をもっていて、それゆえ、この感覚が獣性に直接支配されているという考えによるものです。他方、嗅覚は見張りの役割を果たします。感染の危険を指し示すのです。要するに、西欧の思想家たちは、嗅覚がもっている喚起・想起の力、個人に働きかける影響力、花の香りを嗅ぐ女性のしぐさの官能性をつねに恐れていたんです。鼻が脳と近いということも忘れてはなりません。

あなたは用語をそっくり復元しますね。悪臭をあらわす用語としては、有毒な息吹、発酵、腐敗、腐臭、腐敗物、鉄分を含む物質、浸漬、発散、浸潤、化膿、汚染、地中から生じる蒸気、排泄物、有害な瘴気。良い香りをあらわす用語としては、かぐわしい香り、竜涎香、霊猫香や麝香、ミヤマキンポウゲ、ヒヤシンスや黄水仙、スイカズラやキンポウゲ、スミレ、没薬、芳香。そして、社会がそれらにたいして示す反応を特徴づける用語として、漆喰を塗る、塗装する、漂白する、塗る、舗装する、排水する、換気する、乾かす、などです。この本には、他の本と同様に、エクリチュールのほんとうの快楽があり、そ

■の上、意味論的な再発見の喜びにたいする魅惑もあります。

嗅覚論関係の用語は臨床医学を典拠としています。これはミシェル・フーコーも研究したものです。患者を観察することがきわめて重要なので、あらゆる感覚、とくに視覚（医学用の鏡）と聴覚（ラエネク〔一七八一〜一八二六。医師〕が発明した聴診器など）を用います。けれどもまた、患者を嗅覚によって観察することもできます。嗅覚は、もちろん視覚や聴覚によって与えられるものよりはずっと劣っていますが、さまざまな種類の兆候を提供してくれます。

■そうです。けれどもあなたが楽しみながら復元するこれらの用語は、物語る喜びに一役買っているのではないでしょうか。

とくに当時の人々が抱いていた不安や、幻想、確信、信条などをよりよく理解させてくれます。言葉にこだわらなければ、わたしたちはすぐに心理的な時代錯誤におちいってしまいますから。

人間の沼

■言葉はある種の行動様式《プラティック》の意味を理解する手立てだということでしょうか。

いずれにせよ、その意味を感じさせる手立てにはなります。こうしたことすべてを考慮せずに、どうやってこれらの人々の不安を理解することができるでしょうか。スカルレット・ボーヴァレ＝ブトゥイリはその本のなかで(6)これらの問題をみごとに発展させ、なぜ病院は癒すための機械——換気し、吸い込み、浸潤や滲出や汚物などと闘うための機械——にならなければいけないのか示しています。われわれはこれらの主題に没頭したとたんに、言葉にこだわらざるをえなくなるのです。あいにく亡くなってしまいましたが、わたしの若い頃の友人のひとりだったジャック・レオナールは、医学用語にどっぷり浸かって一五年以上も研究していました。

嗅覚の研究は、あなたが「差異化《ディスタンクシオン》の形態」と呼ぶものの研究とともにおこなわれるものです。これは、精神的、社会的、あるいは政治的なレッテル貼りを招くもので、召使いやくず屋、斃《へい》獣処理業者、ユダヤ人、同性愛者、船乗りなどは臭い、ということになります。

十九世紀には、他人を軽蔑的に名指すときはほとんどいつでも、嗅覚的なものに触れます。したがってエリートは、一度に死も罪も病も獣性も表象してしまう人間の沼に取り巻かれているような気がするんです。「労働者階級」が「危険な階級」だというわけではありません。それは別の問題です。ルイ・シュヴァリエ(7)が用いた表現は、もちろんコレラのことを指しているのですが、同時に暴力やバリケードなどのことも指しています。彼が描いたものは、生物学的であると同時に政治的なものです。しかしいま問題になっているのは、人類学的な次元での反応です。嗅覚を管理することで、他から抜きんでることができます。あなたがさきほど挙げた階級の人々を軽蔑的に名指すためには、自分自身は変なにおいがしてはなりません。そして変なにおいがしないためには、まず消臭し、それから淡い香りの香水で身を包まなければならないのです。これがこの本の目的でもあるのですが、このような脱身体化、身体のにおいの拒否はいったい何を意味しているんでしょうか。『アーヌ』誌に発表された書評のなかで、ミレールは、これは十九世紀のエリートたちの集団的なヒステリー現象だと説明していました。ですからわたしは精神分析学者たちに考察の対象を提供したわけで、専門家のなかにはこの脱臭化のプロセスに興味を示した人たちもいます。そのプロセスは緩慢なもので、社会階級によっても速度に差がありました。というのも、長いこと反発した階級もありましたから。

この反発にかんしては、ひとつの論争が繰り広げられました。郊外を研究する歴史家のアラン・フォールは、脱臭化への反抗はけっしてなかったと主張し、たんに、貧乏人は石鹼を買うお金がなかっただけで、お金さえあれば脱臭しただろう、と言っています。けれども、このことは証明されていません。ある種の無頓着さがあるかもしれませんし、においを別の意味で評価していたかもしれません。貧困を持ち出すのは、説明としてはやや短絡ではないでしょうか。

マラルメのサロンでは、毎週木曜の夜開かれていた集まりに招待され、回想録を残した人たちが、タバコとポンチのにおいに触れています。(8) あなたはユイスマンスにも言及していますね。においを特徴とする社会的識別、社交の場というのはたくさんあります。十九世紀はその点、恰好な実験室ではないでしょうか。

はい、そう思います。現代の小説家のなかでは、おそらくミシェル・トゥルニエのような人のなかに、社会的なにおいへの関心が見いだせるでしょう。けれどもこの種の考察は歴史家たちを不安にさせます。そこには、歴史家にとって、まるで立ち入ってはいけない場所でもあるかのような、何かいささかいかがわしいものがあるんです。このような沈黙――恐怖から生じたものではないかと思いますが――は、小説が証拠としては弱いからだということで説明されます。それこそがまさに障害なんです。とくにこの領域では、コーパスの選択が決定的だということがわかります。医学的言説、衛生学者の言説、人目を引く《ピトレスクな》言説、そして小説も、嗅覚的なものにたくさん触れています。けれども、信仰書や教訓的な著作には、それよりずっとわずかしかあらわれません。したがって、出典の効力については用心しなければならないんです。『においの歴史』では、使用したコーパスから考えて、嗅覚的な言及を強調しすぎたかもしれません。

あたらしい見方

――そのためにあなたは、ご自分の本にたいする大学の同業者たちの一種の沈黙をお感じになったのでしょうか。

あからさまではなかったにせよ、感じました。私的なことというのは近づきがたいものだという考えは、ときとして言外にほのめかされていました。理解していただくために、ひとつ例を挙げてみましょう。ロジェ・シャルチエは読書のすばらしい歴史を作り上げましたが、テクストが読者に与える効果についてはまだ探究していません。多くの研究者はこのように、認識論にはとても慎重です。そしてその慎重さは、『においの歴史』にかんしては、引用されたテクストがほんとうに妥当だったかどうか、という問いになってあらわれるのです。しかし、わたしが参照したテクストひとつひとつの性格を分析しようとしたら、どれほど根気の要る仕事をしなければならなかったか、ご想像がつくでしょう。わたしがやろうとしたのはただ、一連の嗅覚的な言及に注意を向け、それらがいたるところに存在していることを知ってもらうことだけだったのです。

日常生活においてあなたのような散歩好きな歴史家というのは、フランスであろうが、外国であろうが、都市のにおいには敏感なものでしょうか。アラゴンの小説『お屋敷町』の登場人物は、レ・アル界隈の血と肉のにおいや、モンマルトル通りの近くの出版社が集まった地区に近づいたときに感じられるインクのにおいを思い起こしていました。こんにちでは、都市のにおいは一様になってきているように思われます。ひとつの都市との感覚的な関係というのは弱まってきています。一九九八年に東京でおこなわれた国際ブックフェアのさいになさった対談で、たとえば、東京ではあなたの嗅覚は寒さのせいで縮こまっているとおっしゃっていました。

東京は、少なくともわたしが訪れた界隈にかぎって言うなら、とても清潔な都市です。しかし、わたしの滞在はあまりに短かったので、確かなお答えはできません。攻撃的にすら思える、執拗なにおいの国々というのはあきらかに熱帯の国々でしょう。この点にかんしては、わたしは東洋のにおいに恍惚となる人々とは異なり、嗅覚的な旅を好む人間ではありません。

> あなたの歩みを踏襲して、においが一様になった二十世紀のパリの嗅覚的痕跡を突き止めようとする歴史家が、どんな困難に出会うか、ご想像できますか。

大いにがんばってもらいたいものです。この領域では、西欧の文化は脱臭の一大計画にもとづいて築かれています。一九六八年〔いわゆる五月革命〕の直後、ある人々によって称揚された反＝衛生は失敗に終わりました。

> ひとつの感覚がこんにちとくに刺激を受けています。それは視覚です。「視線の構築[9]」あるいはメカニズムがずいぶん研究されています。

たしかにわたしは、セゴレーヌ・ル・マンの本の序文を読んで、呼吸したり、何かに耳を傾けたりする個人の地位よりも、ものを見る観察者の地位に関心をもった歴史がつくられているのに驚きました。このようなタイプの歴史への関心は、現在われわれが視覚文化と観察者の地位のきわめて急速で激しい変化を体験していることによるものです。そのことが新しい隠喩、たとえばインターネット上で「サーフィン」する、といったような隠喩を生みだします。われわれはそのため、過去にさかのぼって、より緩慢な変化が起こったのをあとづけてみたくなります。たとえばジョナサン・クレーリーにとって決定的だったのは一八二〇年から一八三〇年であって、印象主義の時代ではありません。彼は、認識の道具と見なされた視覚についての古典主義的な観念が衰退したことと、主観化が台頭したこと、したがって観者の地位が変化したことを示しています。美学の領域では、この点についてはターナーが到達点になっています。

■しかし、写真という発明品が流布したのは、もう少しあとの一八三九年ではありませんか。

そうです。けれども写真の発明は、立体鏡《ステレオスコープ》から透視画《ジオラマ》を経て、万華鏡《カレイドスコープ》へといたる一連の装置と設備が入念に築かれてきた流れの一環を成すものです。移動が加速され、鉄道が敷かれ、動力学にかかわるすべてのものが発達し、散歩のしかたや空間の利用方法があたらしくなったことによって、観察者の地位は大きく変わりました。目と耳の生理学の進歩も忘れてはなりませんが。

オーギュスタン・ティエリの亡霊たち

あなたの本のなかには、それぞれを互いに結びつける秘かな赤い糸が見られます。『娼婦』のサロンのにおいは次の本を予告し、『においの歴史』のなかにあらわれる砂浜のにおいが『浜辺の誕生』を予告します。しかし、まずはじめに、きわめて重要だと思われる一点に注意を向けてみましょう。『浜辺の誕生』のなかで、ただちにあなたは方法論的な危険を強調しています。その危険は時代錯誤の危険で、そもそもあなたがすべての本で指摘していることです。これはあらゆる歴史家をつけねらう罠ですが、過去の感性を分析する歴史家はたぶんとくにねらわれているでしょう。あなたは心理的な時代錯誤を次のように定義しています。「最悪なのは、過去を理解するうえでの揺るぎない、並はずれて盲目的な確信である。考えうることの範囲を画定し、あたらしい情動が生まれるメカニズムやさまざまな欲望の起源、そしてある時代のなかで苦しみや喜びがどのように感じられているかといったことを探知し、生活習慣《ハビトゥス》を描写して、表象体系と評価体系の一貫性を見つけだすこと、こうしたことがぜひとも必要である。過去の人々を知るには彼らのまなざしで眺め、彼らの感情を追体験しようとする以外に方法はない。このように彼らにしたがうことによってのみ、一七五〇年から一八四〇年にかけてわき上がり、伝播した浜辺にたいする欲望を再現できるのである」と。

これはほとんどわたしの思いつきではありません。こうした時代錯誤は全部、リュシアン・フェーヴルや、さらにはアンリ・ベールと十九世紀に根をおろす歴史心理学に賛同する人たちによってははるか以前から告発されてきたことです。

■ けれどもあなたは毎回繰り返します。このことがとくにあなたをいらだたせるように見えますが。

そうです。というのも、歴史家たちは、とりわけ過去にさかのぼって社会学に専心する場合、時代錯誤におぼれることがあまりに多いからです。彼らは、社会学者が自分の同時代人に向かって提起する問いから派生した問いを、いかなる用心もせずに過去にたいして提起します。われわれは、何十年もの時の流れのなかで、表象体系と評価体系を隔てている距離を正確に突き止めようとするときは、細心の注意が必要です。誰もがこのことを知っているのですが、誰かが思い出させるのを恐れているのです。アントワーヌ・プロは、歴史というものは公民としての使命をもっていて、社会運動の歴史を書くことは排除や悲惨にたいする闘いに貢献することだと考えていますが、もしわれわれもそう考えるなら、この種の用心は無用になるでしょう。この公民としての使命が、国家の建設や、どのようにして共和国が勝利をおさめたか示すことを任務としているとしても、事情は変わりません。それにたいして、もしわたしが考えるように、歴史は公民としての優先的な使命はもたず、ある好奇心、われわれよりまえの人々が何を体験し、何を考え、何を感じてきたのかを知ろうとする好奇心にまずもって答えるものだと見なすのならば、何らかのかたちでロマン主義的な歴史との関係を回復することになります。わたしは体系的な歴史がそんなに進歩したとは思っていません。ガブリエル・モノのような人は、彼の師であるミシュレのメッセージと、実証主義的といわれるドイツ的な科学とのあいだの葛藤につねに悩まされていました。オーギュスタン・ティエリが古文書館で研究しているときの大きな喜びは、過去の人間たちが立ち上がり、読書室を埋め尽くすのを見ることでした。これこそが、蘇生というロマン主義的なねらいであり、それは過去の人々と同一化する努力を前提としたものでした。

時代錯誤はしかし、歴史を学ぶすべての学生にたいして、そこに陥らないように一年生のときから注意する危険ではないでしょうか。

もちろんそうです。でも著作を読んでみてください……。十九世紀の政治史はわれわれの興味にしたがって書かれています。例を挙げてみましょう。感染と伝染のちがいを考慮しなければ、周囲の状況にたいして十九世紀に人々が感じていたような不安は理解できません。環境汚染の観念が発達しました。エイズの表象とエイズが引き起こす苦悩は、十九世紀末に暴かれた「性病の脅威」とは根本的に異なります。われわれはパストゥール以前の人々にパストゥール的な精神構造をあてはめてはならないんです。医学史においても科学史においても、行き止まり、すなわちわれわれが真実だと考えるものに対応していないものを考慮せねばなりません。進歩の歴史としてつくりあげられた医学史が存在します。それはある時期にわれわれが真実だと思うものに沿ってつくりあげられたものであり、目的論的な方法によるものなので、過去の人々の不安も、ある時期主流だった科学的な信念や確信も説明してはくれません。そうした信念や確信のいくつかは、われわれがこんにち真実だと見なすものとは、もはやなんの関係もなくなってしまっています。それらが当時たいへんな影響力をもっていたということに変わりはないにしてもです。これこそがジャック・レオナールやジャン＝ピエール・ペテールのような人たちの仕事と、多くの医学史の研究家たちの仕事とのちがいです。

二千年のあいだ飲み続けられたスープ

■あなたはもうひとつ別の種類の時代錯誤にたいする警戒も呼びかけていますね。

わたしがそれを懸念するのは、ほかの時代錯誤というのはさほど見つからないからです。

感情というのは、さまざまな要因に応じて変化し、修正され、方向転換するものです。未知のものは既知のものになり、そのあとまた忘れられることがあります。許容されているものが禁止され、ふたたび許容または許可されることもあります。感性の歴史はブローデルのいう長期持続《ロング・デュレ》には要約されないものです。歴史は鋸の歯のようなギザギザの流れにしたがいます。『浜辺の誕生』の最後に付された方法にかんする考察であなたは、歴史家たちに「長期持続という牢獄化した観念について、またブローデルの時間概念の、ずれをはらんだ複数の律動について、再検討を加える」ようにうながしています。

ジャック・ルヴェルはたしかに、わたしが何を言いたいのかわからないと言いました。ですからひとつ例を挙げることにしましょう。わたしはこんなことを思い出します。『友愛規範』の著者である作家ジャン＝ピエール・シャブロルがある日、セヴェンヌ〔中央山塊南東部の山岳地帯〕にかんする番組で「二千年のあいだ飲み続けられたスープ」のことを話していました。いやはや、なんたることでしょう。二千年のあいだ飲み続けられたスープなんて存在しないんです。食べ物にかんする感性は進化しますから。ジャン＝ポール・アロンの研究をご覧いただきたいのですが、冷えて動かない社会だと誤って言われているところでさえそうです。伝統的な社会というのは、十九世紀につくられた大いなる発明のひとつにすぎません。そして、ブローデルの長期持続という牢獄化した観念のなかにも、こうしたものが少しばかり含まれているのではないかと思うんです。ブローデルはヴィダル〔一八四五〜一九一八。フランスの地理学者〕の地理学に、したがって十九世紀の民族学者たちにも、多くを負っていますから。この点にかんして、わたしはある種の民族博物館で見られるものにたいしてとても疑い深くなっています……。たとえばウェッサン島〔ブルターニュ半島の先端に位置する島〕にはとてもきれいな家が保存されていて、小さな博物館では組み込みベッドの数々を見ることができます。ウェッサン島のこれらの家は十九世紀のもので、おそらく中世のものとはなんの関係もないでしょう。けれども博物館を訪れた人は深い海の底まで潜ったような印象を受けるのです。

いずれにしても、この種のことを人々に思い出させることは、公民としての歴史がもつ効力から遠のくことではないでしょう。それは、民主主義の発達というものが時間の上昇カーブに沿うものではないということ、あるいは、現代に近づけば近づくほど「文明」があるのだという信念は本物ではないことを教えてくれます。それは、歴史が鋸の歯のようなギザギザの輪郭にしたがうもので、ふたたび転落することもありうるのだということを思い出させてくれるのではないでしょうか。

政治機構の領域では、代議制は一八三〇年からこんにちまでのあいだに明らかに進歩しました。けれどもたしかに、不可逆的なものなど何もありません。

『文化史のために』[10]に寄せた論考において、また『浜辺の誕生』の問題提起の導入部であなたは、一八〇〇年ごろ、岩の上に腰をおろして大洋を眺めている二人の人物を例にとっています。一方の人は海岸を聖書にでてくる大洪水の名残として見る、つまり岸辺というものを古代にさかのぼって読み解くかもしれません。それにたいしてもう一方の人は、それとはまったくちがった感覚をもち、もっと現代的に地質学的なサイクルのことを考えるかもしれない、と書いておられます。あなたがこの例をとりあげるのは、同じ世代であっても、表象体系のさまざまな堆積物が共存し、絡み合っているということ、そしてつねにこのことを忘れないように気をつけなければならないということを説明するためです。文化史というのはそうすると、このような組み合わせ模様からできているんでしょうか。

そうです。聖書の大洪水は海岸になぜ大きな石塊が据えつけられているのか説明してくれます。くだんの二人の人物は隣り合わせに座っていますが、空間を同じようには解読していません。文化史は堆積、重なり合い、褶曲から成り立っています。そのため、「この時代には……」と断言するのはとても難しいのです。もちろん、学者たちの議論にかぎっていうならば、天変地異説と連続説の対立は激しいわけですが、それらが社会的にどの程度流布していたのかは、われわれにはわかりません。フランソワ・エランベルジェ教授は自分の学生たちをヴァントゥー山だったか、エグアル山だったかの頂上に連れて行きましたが、それは彼らに、次々と異なる世紀の観察者としてものを見てもらうためでした。これはとても面白い方法で、科学史家ではありませんが、わたしもぜひこのような遠足をやってみたいと思います。いずれにせよ、十六世紀から十八世紀の人々がみな同じやり方で空間を眺めていたわけではないんです。

あなたはまた、風景というものは感情によって評価され、価値づけられる、ともお書きになっています。ですから現実の主観的な解読というものがあるのですね。ひとつの風景はいくつもの解読、視覚的、聴覚的、嗅覚的解読に訴えることができるわけですね。

風景それ自体というものは存在しません。空間はそれ自体では美的な長所をもたないんです（アラン・

ロジェ(11)が風景のなんたるかについて、すばらしいものを書いています)。風景とは、空間の解読のしかたです。砂や山、海や森は、長いあいだ恐ろしいものと考えられていましたが、その後、評価されるようになりました。現在、国道十三号線のガソリン・スタンドの考古学にかんする美術史の博士論文が準備されています。それはフランスのもっとも美しい駐車場についての、クリスマスシーズンにでも売り出したらよいような本になることでしょう。いまのところ、この企画が出版社を説得できるかどうか確信はありませんが、数年後には、このアイディアが人々の興味を引くようにならないともかぎりません。

■ 歴史家は航空写真を撮影する技師以外のすべてだ、ということでしょうか。

そうです。風景の地形学的な変化は地理学者たち、地質学や土地の構造を研究する歴史家たちの関心を引きます。けれども、風景の歴史家は検討されている時代の目で見なければなりませんし、研究対象である風景がどのような視線の力学によってつくりあげられたものなのか知らなければなりません。評価体系はつねに変化します。こんにちの若者たちは、かつて多くの人々を引きつけた「景観」に関心をもちません。沿岸保存所の学術審議会会員として、わたしはよくこう繰り返してきました。風景を尊重するようにうながす解読を若者たちに伝えようとしなければ、風景を保存してもなんの役にも立たない、と。わたしがとくに関心をもっているブルターニュ地方の大西洋沿岸の島々を例にとってみましょう。解読の仕方を学校で学ばなくなったら、荒れ地や、沿岸地方の丈の短い芝や、風景の原型を保存してもしかたがありません。そんなことをしても意味がなくなってしまうでしょう。風景の保護というのは、まず第一に、ある種の評価方法を保護することなんです。ところで、このブルターニュ地方の風景の原型を保存するのが正当なことだというのは、何によって証明されるのでしょう。もし、荒れ地や、短い芝や、絶壁を愛でる気持ちが消えるようなことにでもなれば、すべては無駄だったことになってしまうでしょう。

美しくて健康によい海

あなたがこれらの浜辺について書いたとき、子供の頃に知ったコタンタン半島の南の海岸のことを考えていたのでしょうか。

浜辺にたいするわたしの関心が、モン＝サン＝ミシェル湾の強い印象にむすびついているのは確かです。とても強烈な浜辺で、海を懐かしむわたしの父は、そこに滞在するのがとても好きでした。

読者、とくに『オデュッセイア』（ホメロスの叙事詩）の読者のすべてが驚くのは、われわれが思い浮かべるような海というものは、古代社会の集団的想像力のなかには存在していなかった、とあなたがおっしゃっていることです。エデンの園には海がありません。海は長いあいだ液体でできた眺望、大きな深淵にすぎませんでした。古代の作家たち（ホラチウス、オヴィディウス、セネカ）においては、航海は神々への挑戦でした。この種の信仰はいつごろまで続いたんでしょうか。諸民族と商品をむすびつける海とは別物の、健康によい海というのはじっさい、なかなか出現しませんでした……。

健康によい海と美しい海を混同しないようにしましょう。健康によい海のほうが先に現れました。自然神学の影響を受けたラッセル医師の理論は、海を健康の宝庫にしたてあげ、それが十八世紀中葉のイギリス人たちを熱狂させました。無限の空間が美的判断の対象になり、森や山も美しくなることができたとき、海は美しくなったのです。そのとき、世界の光景が見直され、古典主義的なものから崇高なものへの移行がおこなわれました。海岸にたいする欲望は、評価体系のより大きな転換の一要素でしかありません。われわれは海や山や森や砂を別々に研究してきましたが、それらをむすびつけるものは、あたらしい見方、美のあたらしい規範、無限の空間のあたらしい評価方法なのです。

ご著書のなかでは、あなたは浜辺にとどまり、いわば足がつくところまでしかいらっしゃいませんね。

わたしが興味をもったのは沖ではなく、海と陸が接するところでした。数年前でもまだ、誰かに「海を知っていますか」とたずねても、それは「大西洋を横断したことがありますか」という意味ではありませんでした。わたしは大多数の人々が考えるような海を研究したかったんです。水や大地や風との接触の場所としての海をです。

浜辺はまた、動物や植物、死骸など、海の排出物のあつまる場所でもあります。それは神性と動物と人間が合流する場所、毒気と、地球から生じるさまざまな力とが出会う交差点ではありませんか。

浜辺はこれらすべての理由で、あるとき人々を魅惑するようになった場所です。一七五五年から一八三〇年にかけてです。

娼婦によって呼び起こされる欲望（『娼婦』）と異なり、香り（『においの歴史』）とも異なり、ここ『浜辺の誕生』では、あなたは快楽の誕生の瞬間、出現の瞬間を追跡しています。どのようにして浜辺は快楽になり、いつ、沖にたいする不安から解放されたのでしょう。

浜辺は享楽的な場所にはなりますが、ドラマチックではありつづけます。十八世紀絵画が喚起する恐ろしい難船のすべてを思い浮かべれば十分でしょう。難船は現代における交通事故に相当するということを、アラン・カバントゥー(12)はみごとに示してくれました。浜辺は美的な場所であり、治療の場所であり、同時にドラマティックで教育的な場所なんです。

エマニュエル・ル・ロワ・ラデュリは『エクスプレス』誌の論文(13)のなかで、あなたの本を「すばらしい」本だとしながらも、あなたがときおり精神分析に頼ったことを友情をこめて非難しました。「そこ（＝『浜辺の誕生』）ではときどき、フロイト主義の粗悪な道具一式に出会う」と彼は言っています。そして、ユーモアをまじえて「なんとたくさんの水、なんとたくさんの水があることか！」と書いてしめくくっています。あなたはじっさいには、風景というものが「意識から無意識への移行」を容易にするイメージの発信者だと示唆していらっしゃるのですよね。その点からすれば、水はさまざまな感覚、喜び、不安、触知できぬもろもろの根源を力強く仲介してくれるものです。

旅行者たちが感じる美的な感動は、風景を描写するレトリックが構築されたときにはじめてあらわになるものです。難しいのは、感じられていないことと言われていないこととを混同してはならないということです。十八世紀以前にも、人々はたしかに浜辺を楽しむことができました。浜辺での喜びを表現するようなレトリックを持ち合わせていなかったとしても、です。それでもはやり、感性の歴史のユークリッド的公準が、感じられたことは言われる、であることに変わりはありません。わたしは大学時代、十八か十九のころ、ジョワンヴィルが聖ルイ〔ルイ九世〕について書いた本の紹介をさせられたことがありました。ジョワンヴィルはたしかにエジプトに滞在しましたが、風景についてはほとんど何も語っていません。彼の関心を引いたのは王やサラセン人などだったんです。彼はたぶんオリエントのこの土地をまえにして強い感動を受けたでしょう。けれどもそれは彼の目的ではなかったし、いずれにせよ、その感動を表現するためのレトリックを持ち合わせていませんでした。ですから、痕跡がない以上、ジョワンヴィルが何か美的な感動を受けたと仮定することはわれわれにはできないのです。レトリックのモデルを発明するのは容易ではありません。十八世紀には、アルブレヒト・フォン・ハラー〔一七〇八～一七七七。スイスの詩人〕やアン・ラドクリフ〔一七六四～一八二三。イギリスの女流作家〕のような作家、小説家、旅行者などがそれに専念しました。しかしこれらの人たちは才能ある発明家です。こうしたことはすべて文学史に頼らざるをえないのです。

人々がブライトンに殺到する

あなたがこの本に与える時間的枠組みはとてもはっきりしています。一七五〇年から一八四〇年までで、その手がかりとなるのがブライトンであり、ブライトンの海岸が発見されたこと、鉄道が完成したおかげでその海岸がオープンしたことです。例は海の向こうからやってくるわけです。ブライトンは世界で初めての「サナトリウム」になります。

この日付は非常に目立っていました。ロンドンのお客がラッセル医師の後についてブライトンまでいくようになったときから、正真正銘のラッシュが始まります。あまりにも多くの馬車がロンドンからブライトンへの道路に流れ込んだので、通行が困難になっていました。イギリスの歴史家たちによって、いくつかの批判がわたしに向けられました。「大陸の人間」がずうずうしくも、イギリス人の海辺にたいする気持ちを理解しようとしていることに気分を害した人がいます。また、イギリスで浜辺が誕生したのは、主として経済的理由によるもので、浜辺が形成されたのは、利益を得ようとした企業家たちが率先して開発したからだということをわたしが書かなかったからといって、非難する人たちもいました。これは卵が先か、にわとりが先か、という昔からある論争です。わたし自身は、浜辺にたいする欲望のほうが先に生まれ、広がっていったのであり、その結果として、企業家たちがこぞって開発するようになったのだ、と心から信じています。しかし、イギリスのこれらの歴史家たちは、欲望を刺激したのは企業家たちのほうだと確信しきっています。

■欲望が経済的または産業的制度を生み出しうる、というふうにいつもあなたがおっしゃっていることですね。[14]

経済史の専門家であるフランソワ・カロンもこれにかなり近い考え方をしています。彼は、人々が移動や速度にたいする欲望を感じなければ、おそらく鉄道など建設されなかっただろう、鉄道は石炭を運ぶだけの役割しかもっていなかったわけではないのだ、と説明しています。問題は単純ではないのです。

■技術の歴史も、感性の歴史にたいして十分に気づいていない、あるいはあまり認識していない一種の負債を背負っていると考えてよいでしょうか。

ええ、それはお互いさまです。浜辺にたいする欲望のほうもまた、鉄道のおかげで広がりました。リヴァプールの労働者たちが日帰りで海岸に行けるようになってからは、大挙して訪れるようになりました。すると、企業家たちもこぞって整備するようになったんです。しかしきっかけが必要でした。繰り返しになりますが、感性の変化を考慮する必要があるのです。

■こういう考え方はこんにちではますますしづらくなってきていますね。現代では、欲望というものは、経済的な働きかけに刺激されることが多くなってきていますから。

はい。しかし、こうしたことは十八世紀や十九世紀には今ほどはっきりしていませんでした。なぜ人々は内陸の逗留地から海辺に出てきたんでしょう。ラッセル医師や他の人たちが、臆病者や、女性、子供、虚弱な人たちには、海辺に滞在するほうがあっている、と言ったからです。

あなたは浜辺の勝利がわかったとき、海水浴場が大きくなり、線路が敷かれ、「利潤を生み出すための装置」が成長してきたときにやめてしまいます。そのつづきは研究せず、海水浴客の女性が服を脱いだ途端に、その女性を見捨ててしまいます。

たしかにわたしは、鉄道がブライトンまで通じ、そのために女王がこの逗留地に滞在するのを断念したときにやめています。それにディケンズも、小売り商人たちがおとずれるマーゲイトという嘲笑すべき海岸について、中編小説を書いています。一八三〇年代にはいると、貴族たちはこのような雑居状態に耐えられなくなり、デヴォンやワイト島の海岸のほうに移っていきます。

浜辺にはずみをつけたのはまた、潮風や水が、憂鬱や鬱病と闘って、肉体や精神を健康に保つのに効果があるとする科学的発見です。そしてこれらの理由に、地質学や鳥類学、地理学、または植物学の知識をもって自然を探究したいという欲望が加わります。散歩者は寒いより暑いほうが好きな湯治客になるのです。

十六世紀から、バートン〔一五七七〜一六四〇。イギリスの随筆家で『鬱病の解剖学』の著者〕は鬱病患者に海の光景を楽しむように勧めていました。涼をとるために庶民がおこなってきたことは、おそらくもっと古い起源をもっているのでしょう。一七五〇年以前には、水浴は庶民にとってはよいことでしたが、エリートたちには関わりのないものでした。庶民の水浴はなんら経済的投資を生み出すものではなく、せいぜいのところ、民族学的な興味を引く程度でした。古代ローマ人たちは水浴はしませんでした。彼らは海岸をとても好み、海岸を闊歩したり、そこで食事をとったり、会話をしたり、瞑想にふけったり、美青年たちが水浴するのを見たりはしていました。しかし、キケロのような人は海水浴はしなかったはずです。共同浴場に通い、もっと念入りな入浴をしていましたから。それにたいして、近代にはいると、バスク地方では村の住人たちがすでに海岸に降りていっていました。同様に、暑いときは川で水浴びをする農民たちもいて、これは一九五〇年代までつづく民間の慣習でした。わたしが寄宿生だったころは、六月の末あたりになると川に連れて行かれて、水浴びをさせてもらったものです。これは涼をとるための昔からの慣習に通ずるものでした。

祭典の政治的な利用にかんする著作にたいしてあなたがお書きになった序文[15]のなかで、あなたは遊技や祭典というものは必然的に監視されるものだと繰り返していらっしゃいます。海水浴が普及しはじめたところで終わってしまったので、あなたはこの監視については研究なさいませんでした。これもまた興味深い歴史ではないでしょうか。

アンドレ・ラウクが水浴についてとても面白いことを書いています。主として記述的な海岸の歴史もいくつも存在しています。何人かの民族学者と社会学者がこのテーマについてはずいぶん研究しました。けれども監視のテーマはわたしの目的ではありませんでした。

フリードリッヒ・フォン・シュトルベルクと海水浴

先に『娼婦』について話したときに、あなたは歴史における文学の利用方法に関連した問題を提起なさいました。『浜辺の誕生』でも、あなたはまだ多くの文学的資料を使っています。シェリー、シャトーブリアン、デフォー、ゲーテ、バイロン、ユゴー、ミシュレ、バルザック、ノディエ、ウォルター・スコットなどです。これらの文学的資料は、あなたがいわゆる社会的事実よりも想像力を扱っているという理由で、『娼婦』のときよりは正当化されるのでしょうか。また、これらのテキストを参照したことにむすびついた危険を和らげることはできましたか。

この本では、『娼婦』を準備していたときと同じようなやりかたで文学に頼っているわけではありません。評価方法の歴史という視点から利用したんです。最初に水浴の楽しみを歌った詩人はフリードリッヒ・フォン・シュトルベルク〔一七五〇～一八一九。ドイツの詩人〕だと思います。けれどもそのことは、彼が水浴をして、その楽しみを感じたということを意味するわけではありません。もちろん、その可能性は大きいわけですけれども。ただたんに、彼の詩は、ある特定の時期に、水浴への欲望から生まれたのだろうということです。しかし、興味深いことに、彼の詩のエクリチュール自体に、彼が水浴を魅惑的だと考えていたことが示されています。だからこそ、水浴は詩的なテーマになるんです。一方、こんなことも考えられるでしょう。これらの詩を読んだことによって、バイロンが水浴をしたくなったかもしれません。何しろ彼はスポーツマンで、ボスポラス海峡を泳いで渡ったような人ですから。詩は想像力の歴史の資料であり、浜辺の評価方法にかんする資料です。しかし、行動様式《プラティック》の証拠にはなりません。小説だって同じことです。歴史家たちは詩を避けようとします。ところが、海の評価方法を研究をするとなると、バイロン、そしてフリードリッヒ・フォン・シュトルベルク、ベルナルダン・ド・サン＝ピエールやシャトーブリアンなどが基本になります。

人々は眺め、のめり出し、よりよいパノラマを楽しむためによじ登り、大またで歩き回り、尾根を乗り越えて、「観想のための斬新な方法」である視角を選びます。文学に加えて、あなたは絵画（ターナー、ドラクロワ）もずいぶん参照しています。金持ちの出資者に頼まれて描いたものもあれば、水彩画だろうが油絵だろうがアマチュアによって描かれたものも参照しています。風景のあたらしい解読においては、海のさまざまな色を識別します。あたらしい演出法もあります。海戦の絵、難船の絵といったものが、一種のこわいもの見たさとともにあるのではないでしょうか。

またもや十八世紀と関わってきます。この世紀の末には、透明性の概念があらゆる領域においてとても重要になります。ルソーのこと、自分自身でありたいという欲求のことを考えてみてください。こうしたことについては、ジャン・スタロバンスキーを読まなくてはなりません。この時代にはまた、人々は水の透明性や海の透明性についても歌います。あたらしい楽しみが表現されるのです。嵐の賛美については、崇高美の評価とむすびついています。嵐は情熱を示し、それをわかりやすく説明してくれるんです。

オシアン風の〔三世紀スコットランドの伝説的英雄・詩人であるオシアンを模倣した〕文学というのはどのように定義されるのでしょうか。

この問題については、ポール・ヴァン・ティゲムがぶ厚い二巻本を書いています。オシアン風の文学というのはケルト人たちの過去に基づくもので、英雄の武勲を歌ったケルト族の吟遊詩人たちや、嵐の崇高美をたたえます。したがって、スコットランドはロマン派の芸術家たちをつよく魅了したのです。カレドニア〔スコットランドの旧称〕――ニューカレドニアではなくて古いほうですが――は浜辺の文学の形成において決定的な影響力をもっていました。この評価体系においては、イギリスの島々のほうがたしかに先行していたんです。

あなたの本はとても多くの問題に取り組んでいますね。あらたな感動、あらたな夢、前浜や砂浜のあらたな表象、季節や、年齢や、時刻や、潮の満ち干によってリズムを与えられながら徐々に確立されていく欲望のあらたな構造などです。問題提起の豊かさには目をみはるものがあります。

この種の歴史は、人文科学のかなり広い範囲と、社会学者・人類学者・民族学者・文学者といったさまざまな分野の研究者たちに関わっています。けれども、十九世紀の歴史という限定された領域では、このような視野から研究している同僚はごくわずかしかいません。

■ 浜辺についての本を書くにはどのようにして調査するのでしょうか。

この本はおそらく、わたしにとって仕上げるのがいちばん面白かった本です。多くの喜びを与えてくれましたから。わたしはとくに図書館で仕事をしました。古い国立図書館はすばらしかったです。同じ場所に居ながらにして、閲覧申し込み用紙をたくさん使用してありとあらゆる資料を読むことができましたから。こんにちでは、新しいフランス国立図書館では、この種のクロスした読書はずっとむずかしくなっていると思います。閲覧室もかえなければなりませんし、待ち時間ももっと長くなっています。情報技術の進歩はあっても、こんにちではもう『浜辺の誕生』は書けないでしょう。

5　定期市広場での死——『人喰いの村』

三面記事と歴史的観点　一八一五年の忘却　疑わしい反教権主義
社会的想像力の寄せ集め　農民＝貴族＝ブルジョワ　歴史家と噂
暴力の修辞学　都市／農村の対立　愛着の論理
祭り気分での殺人　虐殺の変遷

『人喰いの村』で、あなたは浜辺を離れて、内陸に戻ってきますね。オートフェイにはどうやって行き当たったのですか。ドルドーニュ県の小さな村で、一八七〇年八月十六日に、アラン・ド・モネイスという貴族の青年が、三百人から八百人もの群衆によって二時間も拷問にかけられたあげく、火あぶりにされたこの村には？

わたしはリムーザン地方について一〇年間研究しました。ところで、ノントロネと呼ばれているドルドーニュ県のこのあたりは、ペリゴール地方の北方に位置しており、いうなればリムーザン地方の一部のようなところです。そのうえ、オートフェイ自体に、ノントロネからシャラントへの移り変わりがあります。それは、とくに家の輪郭や屋根瓦のかたちで見分けられる微妙な移行ですが。わたしはこの事件のことを知っていましたが、県境の向こう側で起きたことなので、直接関係はしていませんでした。しかし、その暴力はすさまじいもので、一八七〇年当時、前代未聞と思えたので、記憶にとどめておくべき事件だと思ったんです。そのあいだに、オートフェイの事件と関わりのある問題をあつかった修士論文が二本出ました。一本目[1]はフィリップ・グランコワンの著作で、「ビュルグーの一団」に関わるものでした。彼はとくに、七月王政の初期に、漠たる不法行為がドルドーニュ県とオート＝ヴィエンヌ県南部とのあいだで横行していたことを示しました。もうひとつの修士論文はアニック・テイリエ[2]のもので、この地域の山賊の一団について研究したものです。彼女はとりわけ、コレーズ県とロット県の境目で、多くの乗合馬車が止められたことを確認しました。

そのほかの研究では、フランソワ・プルーの修士論文と博士論文[3]を挙げなければなりません。ロット県北部にあるセレの谷沿いの村々での争いにかんするものです。そこで語られている事実はじつに驚くべきものです。王政復古期のことですが、人々は対立した際に殺し合い、一〇人にひとりは死んだんです。また、ジョルジュ・マルベックの小説[4]も加えねばなりません。わたしの本より先に出たもので、わたしは歴史家としてのアプローチでそれを補いたいと思いました。

これらの研究を全部あわせると、一辺が四〇キロメートルほどの四角形の内側で、十九世紀に驚くべき暴力行為が繰り広げられたことがわかります。

これらのことがこの時代を代表するものだと言うつもりはありません。しかし、そこには歴史家の興味を引く地理的な特殊性があります。当時わたしは虐殺の歴史に取りかかっていました。一九八九年には、このテーマを一冊の本にまとめようと計画していました。とくに一七九二年の虐殺と白色恐怖〔一七九五年と一八一五年の二度にわたる、南仏を中心とする王党派によるテロ〕の虐殺については、すでに研究していました。けれどもそれはとても野心的な企てで、しかもモーリタニアやルワンダの虐殺が加わって、一覧表はさらに伸びてしまったんです。

わたしは、大革命の際におこなわれた虐殺にかんする研究が生ぬるいと感じていました。イタリアの歴史家パオロ・ヴィオラはこのテーマについて研究しましたし、またイギリス人のコリン・ルーカスも、同じような視点から復讐の反復について研究しました。たとえばレーモン・ヴェルディエによって示されるような法人類学の一派も復讐の研究に関わっています。同族による奪回（血の奪回、仇討ち）についてのイザック・シヴァの考察のことも知っていましたし、イスマイル・カダレの著作、なかでもとくに『打ちのめされた四月』も読んでいました。こうしたことからわたしは、オートフェイの事件をその歴史的背景のなかに位置づけなおすために少し詳細に検討したいと思うようになったんです。これが、わたしがこのテーマを研究するようになった、ロベール・マンドルーであれば精神的状況とでも呼んだであろうものです。要するに、わたしは長い時間かかった『浜辺の誕生』から抜け出そうとしており、もう少し短いものを書きたいと思っていました。その一方で、農村部の研究をふたたびとりあげようともしていました。これは博士論文と『人喰いの村』のあと、『音の風景』と『記録を残さなかった男の歴史』でたどることになります。

非理性的なものの論理

オートフェイの事件はたんなる三面記事的なものではなく、政治的な犯罪です。そしてこの犯罪は、歴史家にとっては、二つの手続きによって解読可能なものとなります。つまり、一方で、それを可能にした心理的なメカニズムを分析し、他方で、フランス革命以来、農民、貴族、聖職者、ブルジョワジーのあいだで結ばれては解かれてきたさまざまな関係の歴史を再構成するという手続きによってです。このような見方をすれば、オートフェイの犯罪は、理解可能となるためには想像力や表象にも頼らざるをえないある過程の到達点ということになります。この犯罪は、理性を欠いた行為であるどころか、筋の通った惨事なのです。

あなたのおっしゃることに全面的に賛成です。たとえばアンヌ＝クロード・アンブロワーズ＝ランデュがその博士論文(5)で研究しているような三面記事的事件とは異なるというのは明白です。オートフェイの犯罪には政治的に深く根ざしているものがあり、その射程や反響があります。したがって、この一八七〇年八月のある午後生じたことを理解しようと思ったら、少し退いて、そのさまざまな論理を見抜こうとしなければなりません。経済的な構造や情勢のなかにだけ解決を求めようとしたり、理性的なものだけを取りあげようとしたら、問題の本質を見逃すでしょう。なぜならまさにいま問題になっている論理が、一見非理性的と見えるものに根ざしているからです。わたしは、たしか第一章の最後でだったと思いますが、アラン・ド・モネイスは二つの論理が同時に働いていることを理解しなかったために死んだのだと書きました。気の毒なモネイスは、教養あるエリートの一員としてのみずからの尺度にしたがって、自分は共和主義者ではないと率直に、ばか正直に弁明することによって、彼を襲う人間たちを思いとどまらせようとしました。彼は、あなたが先ほどおっしゃったような、もっと古くからある表象や、脅威をめぐる想像力の総体から生まれた憎しみや怒りについては、その大きさも、深さも感じていませんでした。ですからこの犯罪は、不安の裏返しである一七九二年夏の虐殺〔九月大虐殺。パリの群集による獄中の反革命容疑者虐殺〕を研究した人たちにならって分析せねばなりません。

あなたはここで、感性の歴史が政治史にたいしてどんな貢献ができるか十分に主張していらっしゃいます。ペリゴール地方の貴族はこのようにして、社会的対立をあるひとつの方向に向かわせようとするブルジョワたちによって、あらゆる悪を背負わされることになります。ブルジョワたちはたとえば、農民たちのうちにある反教権主義をあおるのです。したがって、信仰や神話がどのように伝達されるかを知ることが不可欠です。それを知らなくては、厳密な意味での政治学はやや不毛に見えるでしょう。

まさにその通りです。これらの人々は一八七〇年以前には新聞などほとんど読んでいませんでした。彼らはミサが終わってから教会の出口でなんとなく掲示を見、村長の話をうわの空で聞きますが、政治の領域での彼らの主たる情報源は噂です。したがって、彼らのコミュニケーションと情報システムを理解しようと努めなければならないのです。

幻想のプロシア人

この惨劇の立て役者たちを個々に洗い直していくと、まずはじめに目につくのは一八七〇年のペリゴールの貴族階級です。彼らは一八一四年〔第一次王政復古〕に、占領軍の拳銃をいれる革袋のなかに隠れて、王とともに戻ってきた貴族階級のある意味での後継者です。いずれにせよ農民たちの目にはそのように映りました。貴族階級はまだ「プロシア人たち」の共犯者だと考えられており、裏切るのではないかという疑いをかけられていました。一八七〇年のオートフェイの犯罪は、一八一五年の「繰り返し」だとあなたはおっしゃっていますね。

貴族階級の理解については、わたしはラルフ・ギブソンの博士論文(6)を読んだことに助けられました。ペリゴール地方では、貴族階級はあまり豊かではなく、数は多くて、小さな城を所有し、他の階級の人々との接触が緊密でした。けれども、このような接触があったからといって、対立を和らげることはできなかったようです。むしろそのことが衝突を激化させたようでさえあります。一方、もし十九世紀のフランス史を理解しようとしたら、一八一四年と、とりわけ一八一五年を排除することはできないと、わたしはつよく確信しています。ところが、歴史家たちはこの二年にあまり関心をもっていません。一八一四年から一八一五年についてのウーセの本と、こんにちでは少々異端のにおいがする序文つきで、占領期〔ドイツ軍によるフランスの占領、一九四〇〜一九四四年〕に折悪しく出版された、ナポレオンの失脚にかんするフェリックス・ポンテイユの本以来、この時期は見捨てられているんです。しかし、十九世紀には、この時期の記憶は《他者》にたいする表象のうえに重くのしかかっています。

とくに革命二百年祭のときには、フランス社会にとって大革命の記憶がどのような重みをもっているか、ずいぶん研究されましたが、帝政の記憶があたえる影響力については過小評価されました。おそらくつぎの二百年祭のときには、この傾向はひっくり返るでしょう。それらの研究は多くの不均衡を明るみに出してくれるはずです。

たとえば、一八一五年と一八七〇年に二度もプロシア人たちが侵入したオルヌ県と、侵入を経験しなかったオートフェイの地域とでは、記憶が異なります。オルヌ県では、貴族たちは一八一五年にプロシア人たちにあまりにも苦しめられたので、貴族がプロシア人たちの共犯かもしれないという考えを農民の大多数が抱くことはありませんでした。ひょっとすれば抱いたかもしれない疑いも、プロシア人たちがとりわけ城を攻撃したために否定されました。それにたいしてドルドーニュ県は侵略されたことがなかったので、一八七〇年にあらゆる種類の幻想が繰り広げられたんです。なかでもとくに、プロシア人たちが農家を焼いて、農民から略奪をするだろう、ただし貴族だけはプロシアの貴族と緊密な関係をもっているようなので免除される、という考え方が広がりました。ですから一八一五年は、侵略されなかった地域にとっても重要な出来事だったわけです。侵略の犠牲になった県では、体験された記憶や話が心に重くのしかかっています。ドルドーニュ県のようにそれをまぬがれた県では、人々はよりいっそうの幻想と関わることになります。そこではプロシア人像はもっとずっとぼやけたものですが、だからこそいっそう容易に、ある特定の個人にプロシア人を体現させたり、投影させたりすることができるんです。オルヌ県では、人々は隣人のひとりをプロシア人と見なすにはあまりにもプロシア人を知りすぎていました。ドルドーニュ県では、人々は当時噂に包まれていたので、この同一視はもっともらしく思えたんです。

■一八一五年のこの時期はなぜこれほど研究されないのでしょうか。

なぜなら五〇年来、王政復古の初期は歴史家一般、そしてとりわけ現代史の大御所たちの興味をあまり引かないからです。そのうえ、この時期の歴史は目的論的なアプローチの大きな犠牲になりました。

■脇に除けられた時期ということでしょうか。

そうです。個人的には十九世紀初頭というのはとくに面白いと思うんですが。

主任司祭にたいする農民たちの憎しみというのは驚くべきものです。主任司祭はアンシャン・レジームの名残、貴族階級の支持者だとみなされていましたから。警鐘が打ち鳴らされ、特別祈禱席や聖域を囲う手摺りが故意に壊された事件は教会全体に共通するもので、類型論をつくることもできます。

そのことはじっさいわたしを驚かせました。主任司祭といえば、一八七〇年ごろには、司祭館のトップにいる司祭のことを指しますが、ほんとうは主任司祭はごくわずかで、そのほかの聖職者たちは外勤司祭か助任司祭です。でも、たしかにドルドーニュ県では聖職者全般が嫌われていました。しかしながら、信仰心の厚さと反教権主義は区別しなければならないでしょう。ある集団が外勤司祭や主任司祭のふるう影響力に敵対するということはありえるわけで、その集団がきわめて厚い信仰心をもちながら、反教権的になるということは起こりうるからです。

わたしはそのことをバス＝ノルマンディーで五〇年代に確認しました。聖職者が共同体という空間の神聖な支配をおびやかすと、信仰心の厚い地域でも暴動が起こりうるんです。たとえばアルスの主任司祭は、とりたてて非キリスト教化されているというわけではない教区の司祭でしたが、彼のように聖職者が厳格すぎると暴動が起きます。一見したところきわめて奇妙なのは、アンシャン・レジームの記憶がもつ影響力の大きさです。しかしよく考えてみれば、一七八九年と一八六九年のあいだは八〇年しか隔たっていないということに気づきます。つまり、現在からみた一九二〇年と同じなんです。歴史人口統計学が人口ピラミッドを提示してくれます。それによって、アンシャン・レジーム、大革命、帝政などを経験した人の数を計算することができます。そのようにして、人々がもちうる記憶の体系を見極めることができるわけですが、それは興味深い指摘をいろいろとしてくれるだろうと思います。

一八七〇年代のあいだ、共和主義者たちがアンシャン・レジームの不安を蘇らせるための運動を大々的に組織したことはよく知られています。ソー＝ユン・チュン(7)は、一八七〇年代にどのようにして彼らがアンシャン・レジームのこの不安を繰り返したか、みごとに示しました。けれどもじつは、この不安は一八六〇年代にすでにはっきりと存在していました。ドルドーニュ県で通常よりはやく力をつけ、活動的になった共和主義者たちが宣伝の努力を展開する以前にもです。いずれにせよ、このテーマがきわめて深い意味をもっていることに変わりはありません。わたしは少々嫌みっぽくこんなことを主張したことがありました。十分の一税は、十九世紀の政治史において大きな役割をもつもののひとつだということです。それが深い記憶を残したんです。これがどんなものだったか、人々はほんとうに知っていたんでしょうか。そこから派生した形態はどんなものだったのでしょう。それはわかりません。けれども、領主の権力にたいする思いは、十分の一税の重圧にたいする思いとひとつになって、一八七〇年にはまだはっきりと存在していたんです。

陳情書〔一七八九年、全国三部会召集の際に起草された各身分の陳情書〕の起草の際、貴族と聖職者は嫌われていました。しかし専門家たちがわれわれに思い出させてくれるところによれば、王は愛されていて、道義にかなった経済政策を維持し、特権階級による横領や悪行から守ってくれる政治をおこなうためにあてにされていました。

このテーマは、十九世紀をつうじて純化されていきますが、はっきりと存在していました。この種の記憶はステレオタイプ化します。それらは、もはや体験された記憶ではなく、伝達された記憶になったときから、より単純なだけにおそらくいっそう強烈なものになるでしょう。陳情書の時期から一八七〇年代に、憎しみや脅威がどのように伝達されたかはあまり研究されていません。こうしたことは、大革命の記憶——こちらのほうが、きわめて激しい社会的衝突に関わっています——にかんする多くの研究によっていささか曇らされてしまいました。王や領主たちの時代、強力な貴族や聖職者の時代への回帰はあまり研究されていません。そうしたことはすべて王政復古を通じて理解されたからです。これらの想像力の図式《シェーマ》は十九世紀をつうじてどのように純化され、濃密になったのでしょうか。それを突き止めるのはとても面白いことでしょう。ともかく、一八七〇年にその想像力の図式がドルドーニュ県にはっきりと存在していました。

もうひとりの立て役者、オートフェイの惨劇ではより地味ですが、その役割は無視できない立て役者として、都市のブルジョワジーがいました。彼らは農民の社会とは無関係なままでしたが。

ドルドーニュ県では——リムーザン地方でも同じですが——、それは法律家、とくに弁護士によって、しかしまた行政官や公証人などによっても代表されるブルジョワジーです……。

……共和派の集まりの大きな供給源ですね。

ええ、都市、とくにペリグーに定住した地主のブルジョワたちも忘れてはなりませんが。ペリグーは一八六〇年代に共和主義がかなり強力に導入されたところです。貴族を罵倒することは、農民たちの敵意を爆発させて彼らに近づくためのひとつの方法でした。多くの地主たちが分益小作人をかかえていました。社会的衝突を貴族という唯一の敵のほうに逸らすことは、ひとつの戦略から生じたものです。他方、ベルナール・ラシェーズは、ドルドーニュ県では、自由思想家で科学者である共和派の医者たちも多かったと指摘しています。

幼年時代にオルヌ川沿いの西フランスを知ったことは、十九世紀のドルドーニュ県の行動を解読するのに役に立ちましたか。

はい。ただし、ドンフロンテ地域の農民は、シーグフリードによれば「教権的民主主義」、つまり貴族がほとんど重要性をもたない民主主義を形成していました。権力をもっていたのは「司祭様」と農民の共同体だったんです。ドルドーニュ県では、聖職者はこのような影響力はもっていませんでした。貴族や共和派のブルジョワのほうが力をもっていました。しかし、子供のころ農民たちが互いに話すのをよく聞いていたおかげで、こんにちなお、噂という現象や政治にたいする寡黙さをよりよく理解できます。人民戦線の前兆にかんする第三課程の博士論文で、わたしは政治的なものも含む世論がどれほどイマージュやステレオタイプのまわりに結晶化するものであるかを突き止めました。現在では、世論調査は、理性的に提示された問いにたいして「はい」または「いいえ」で答えることを強制します。しかしかつては、非理性的なことが多い噂の役割のほうが明瞭でした。

ウージェニー、ピウス九世の愛人？

まさにその噂のことに話題を移しましょう。あなたはご著書のなかで、歴史家は学問的立場からくる嫌悪を克服して、もっと噂を考慮したほうがよい、と繰り返しおっしゃっています。あなたのご著書の対象となっている犯罪を理解するには、噂を突き止めることが不可欠です。これは表象や心性の研究の性質をもったものです。噂というものは欲望や苦悩をあつかい、記憶にとどめると同時に伝達もし、濃密にすると同時に拡散させもします。ですから、噂はとても流動的でありながら、根源的なもののように見えますが……。

たしかにそれは根源的なものです。ではなぜ噂は研究されないのでしょうか。理由は二つあると思われます。まず第一に、噂にはそれ固有の論理がありますが、歴史家たちは理性を教え込まれているからです。彼らはしたがって、まず最初にアリストテレス的な論理に属すると見えるものに関心をいだくのです。他方で、歴史家は教養ある人たちによって書かれた古文書を研究します。つまり、知事、副知事、行政官など、噂に直面したとき、それを嘲笑し、面白がる人たちです。人類学者たちはずいぶん噂について研究しました。彼らは噂の重要性を完全に理解し、とりわけ、噂は根拠がないものばかりではないということを強調しました。すなわち、噂は誤謬と同時に真実も伝えるんです。噂は受け取られた情報であるだけでなく、そのときから新しい知識を利用する人に箔をつけるひとつの行為でもあり、その人はつぎに、自分でその知識を他人に伝えることができるでしょう。その人は対話者にたいして、すでに知っている人がまだ知らない人にたいするようにふるまいます。そこには贈与とお返しのきわめて巧妙なゲームが存在しています。（そもそも、こんにちの情報を取り巻く環境における、噂と知識のこのような交錯を研究してみるのは興味深いことでしょう。）噂があまり研究されないことの第二の理由は、それがほとんど痕跡を残さないということです。そのために噂の影響力が過小評価されてしまうんです。

噂をまさに軽蔑し、考慮しない人々の文章のなかには、噂はほとんどあらわれないわけです。たとえば司法関係の古文書のなかなどには、まれに噂へのほのめかしが残っていることがあっても、それとてあいまいなままです。

では、どうすればよいでしょう。ウージェニー妃〔一八二六～一九二〇。ナポレオン三世の后〕がピウス九世〔一七九二～一八七八。ローマ教皇、在位一八四六～一八七八〕の愛人だったという噂は、どうやって信じればよいのでしょう。どんな歴史家が、自分の発表するもののなかでこのことにあえて言及するでしょうか。信用をうしない、同業者たちの目に不真面目だと映るのを恐れて、きっとあきらめてしまうでしょう。この種の原資料にたいして逃げ腰になるのは、噂というものに理解を示していない証拠です。噂は歴史を否定する感嘆符をもたらします。その際とるべき適切な態度とは、あることがあるとき話題になった以上、いったいその話は何を意味しているのか、何を象徴しているのか、と考えてみることです。わたしがたったいま触れたデリケートな噂が思い起こさせてくれるのは、ウージェニー妃が教権支持の政党を代表していて、その政党は教皇を守るべくローマに軍隊を残すように皇帝をしむけているということです。噂はこの状況を単純化したものです。噂は心理的な動機を説明しなくてすみます。ウージェニー妃はあまりにも教皇に愛着をもちすぎているために、人々を不幸に引きずりこんでしまう、ということをほのめかすだけでさっさと切り上げてしまうのです。残念ながら歴史家は、このようなことが社会でどの程度信じられていたのかをはかる資料をもちあわせていません。リュシアン・フェーヴルは信じうるものの布置について語りました。しかしこのような噂にかんしては、その布置とはどんなものでしょうか。われわれの目にはより本当らしく見える別の風聞も、ドルドーニュ県にしっかりと根を下ろしています。そこでは百合の花は騒乱を引き起こすものです。なぜならそれは陰謀の観念を呼び起こすからで、陰謀の観念は、十九世紀フランスにはまだたしかに存在していて、とてもつよい影響力をもっていました。近代史の専門家たちは一般に、現代史の専門家たちより敏感で好奇心が旺盛です。彼らは虐殺をそそのかす陰謀についてのこのような噂に出会うことには慣れっこになっています。ところが、十九世紀のことに取り組むやいなや、人々はこの種の歴史的なものの重要性を忘れてしまいます。

むずかしいのはおそらく、噂の経路、誰によって、いつ流されたのか、ということがかならずしも再現できない点ではないでしょうか。

たしかに資料は噂の断片しか提供してくれません。しかしながら、それらの断片のうちのいくつかはとても広く伝わりました。ジャン＝クロード・カロンとフランソワ・プルー(8)は多くの資料に記述されている一八四一年夏の噂を研究しています。その年、国税調査が行われるはずでした。きわめて深刻な騒乱がほとんどフランス全土で発生し、ときにはクレルモン＝フェランのように流血事件となるものもありました。というのも、リンネル類の目録をつくるために、調査員が家のなかまではいってきて簞笥をあけるだろうという噂が流れたからです。こんなふうに介入されるなんて考えるのは、耐えがたいことに思われました。農村の住人たちはそれと知らずに「フーコー主義者」になっていたんです。つまり、他人に自分のことを教えなければ教えないほど、権力をあたえないことになるわけです。この騒乱はすべてただひとつの噂から生じたものでした。コレラについての噂を思い出してもいいでしょう。この点にかんしては、民衆が給水所に毒を入れるという噂が、噂というこの文化的対象物の流通の複雑さを強調することになります。先ほどわたしは、教養ある人々は理性的に見られたい、そして知事たちは、大臣に提出する報告書のなかで、上層部が自分たちをばか者あつかいすることになるかもしれないものを伝えるのは避けている、と言いました。けれどもだからといって、エリートたちが噂に無関心だったと信じてはなりません。給水所に毒を盛るという噂は一八三二年にチュイルリ宮殿でも流れ、王の側近にまで達しました。一般の人々だけがこの種の風聞に敏感だったわけではないんです。

■ 危機の時期には理性は簡単に退いてしまうからですね。

まさにその通りです。

■ あなたは先ほど噂の研究について、人類学のことに触れました。この現象の分析では社会学のほうがもっと進んでいませんか。

もちろん、とりわけかの有名なオルレアンの噂を追跡したエドガー・モラン(9)のことを思い浮かべます。たしかに、噂は人類学や社会学に耳をかたむけずには研究されえない対象であり、「人文科学」にとってのお気に入りの対象です。歴史家は、過去の噂を理解するために、できるかぎりの注意を払いながら、現在にかんする研究を利用する権利があります。歴史家が重要だと予感している噂の機能について、書き残されたものはごくわずかしかないのですから、現代に即して噂のメカニズムを研究することは役に立つことでしょう。

愛着の論理

もとに戻りますが、「人喰い」についてのこの本は税にたいする抵抗を明らかにしています。十七世紀の民衆の暴動の勃発、ボリス・ポルシュネフとイヴ＝マリー・ベルセ[10]によって研究された例の農民たちの怒りのことを思い浮かべます。それは農民たちが王の悪しき助言者たちにたいして抵抗した、自発的でとても激しい反乱でした。「人喰い」の暴力もこの類型論、あるいはあなたが「暴力の修辞学」と呼んでいらっしゃるもののなかに含めてよいでしょうか。

よいとも言えるし、よくないとも言えます。系譜学にかかわるこの問題は、十九世紀の穀物暴動にかんするカナダ人ドニ・ベリヴォーの博士論文[11]の審査の際に提起されました。著者はあなたがいまおっしゃったことを主張していました。すなわち、十九世紀には、あなたも触れている道義にかなった経済政策とともに、近代に定着した反乱がふたたび見いだされる、ということです。しかし、わたしは、それはそんなに単純ではなく、経済的・政治的なさまざまな変化が介入したのだと指摘しました。一八三一年の法律は——村に法人格をあたえる一八三七年の法律も忘れないようにしましょう——村議会に被選挙権をあたえ、村議会が真に議員たちによる政治をおこなうことができるようにします。村長に頼るようになったことや、聖職者たちの地位が低下したことなどにより、穀物暴動は、たしかに過去に定着したものなのですが、以前と同じ筋書きにも、論理にも従わなくなってきます。ですから、あなたのおっしゃることは全体としては正しいのですが、にせものの連続性には気をつけねばなりません。

課税にたいする農村での反発は根本的なものです。十九世紀には、包括間接税にたいする闘いが重要な役割を果たしました。一八四九年の選挙戦では、社会主義的民主主義者たちの要求目録のなかで、馬車、犬、塩にたいする課税の廃止が大きな位置を占めていました。第二共和制時代の税に反対する事件は、クルーズ県のアジャンやロット県のグルドンで起こります。一八五一年十二月、クーデタ〔ルイ・ナポレオンによる〕にたいして起こった大規模な暴動のとき——これは、バス・ザルプについてはフィリップ・ヴィジエが、フランス全体についてはテッド・マルガダンが研究していますが——多くの「左翼の」地域が蜂起しましたが、リムーザン地方はほとんど行動を起こしませんでした。課税にたいするつよい反発によって住民があおられ、その結果、穏健共和派に敵意をいだいている地域では、共和国が死に瀕しているというニュースには動揺させられなかった、というのがわたしの説です。課税に反対する伝統はたしかに存在していて、十九世紀にはそれが政治に強力に働きかけています。

古い伝統について話せば、第二帝政を支持する農民たちは、共和国は費用がかさむと考えています。そこには都市／農村という対立が永続していると見るべきでしょうか。

そう思います。トックヴィル〔一八〇五～一八五八。フランスの歴史家で政治家〕はその『回想録』のなかで、彼がマンシュ県で当選して憲法制定議会に行こうとしていたとき、近親者たちが涙を流し、パリで彼の身に起こるかもしれないすべてのことをとても心配していたと語っています。このことは、首都が憎悪ではないまでも不安を吹き込んでいたことを証明しています。一八七〇年五月八日の国民投票《プレビシト》の際、ノントロネの隣りのサン＝ティリエの農民たちは、「町の人間たち」が皇帝に嫌がらせをしているので皇帝のために投票に行かなければならないと説明していました。反感をあらわにする動機はほかにもあります。それらの動機は時間の使い方とその社会的表象に関係しています。すなわち、都市というのはざわめきであり、はかなさであり、激動と不安定さだというものです。人は耕す畑があるとき、帝政ならば心おだやかに仕事にでかけることができます。夕暮れが訪れても、皇帝はずっと皇帝だろうと確信しているからです。都市で決定され、後になってから知らされるだけの激動のニュースというのは、農村の住民にとっては何やら屈辱的なものなんです。

あなたは、「愛着の論理」と名づけた部分〔『人喰いの村』第一章の一部分〕で、ドルドーニュ県の農民たちを皇帝の人物像に結びつけている熱情を説明しようとなさっています。それはそもそも、たんなる愛着というより、熱情です。ナポレオン一世とナポレオン三世は混同されていますが。共和主義者たちはこの崇拝を告発することをやめないでしょう。この政治的信奉は、贈与と対抗贈与のシステムとして解釈することもできます。皇帝を支持すれば、見返りとして、皇帝が農村の繁栄を保証してくれます。したがって皇帝を擁護することは自分自身を擁護することであり、皇帝の敵はわれわれの敵になるわけです。

そうです。それにまた、一八六九年というのが家系のうえでたいへん不安な年だったということも考慮しなくてはなりません。皇帝が病気だということを人々は知っています。とすると、政体は、普通選挙と家系の世襲という二つの相反する原理のうえに築かれていますから、継承問題がおこります。この種の議論が農民に関係していたかもしれません。しかしその不安の痕跡はわずかしか見つけることができませんでした。

■そして贈与と対抗贈与という考えは？

政治はのちにこのシステムに基づくことになります。とくに第三共和制下での国民議会議員の選挙はそうです。ピエール・ヴァランがリムーザン地方の左翼の農民にかんして、そのことをはっきり示しています[12]。有権者は自分が選んだ人から、見返りを期待しています。

拷問と酒宴

■本来の意味でのオートフェイの惨劇に近づきましょう。一八七〇年の七月初めから、戦争にたいするたんなるあきらめが、愛国的な熱狂に変化してきます。あなたは世論の急変や愛国的な転向について話していらっしゃいますね。しかしそれと同時に、「プロシア人」にたいする恐怖もかき立てられるようになってきます……。

一八六六年から不安は大きくなってきました。それは検事総長の報告書を読めばわかることです。プロシア人は好かれていませんでした。一八七〇年の八月初めには、愛国心は疑う余地もなくなっています。もっとも、行政の報告書しかないので、正確にそれを推し量るのは難しいのですが。ステファヌ・オードワン＝ルゾーは一八七〇年のフランス[13]を研究して、この短い期間に世論が急速に変化したことを示しました。人々の精神状態を二週間ごとに調べなければなりません。

オートフェイの惨劇は古典悲劇の法則（三単一の法則のこと。フランスの古典劇では、二四時間以内に、単一の場所で、単一の筋を進行させなければならない）にしたがっているように思われます。場所と時間の単一性です。場所は市がおこなわれる定期市広場で、町から離れた場所なので、公権力が届きません。

問題になっているのは、県境の平坦地にある定期市広場です。行政の権力というものは、町から離れると、同心円を描きながら弱まるものです。県境では漠然とした不法行為が横行します。オートフェイはこれらの条件をあわせ持っていました。そのうえ、名士もいなければ、田園監視員も、憲兵もいませんでした。したがって、その場所は暴力が拡大するのにふさわしい場所だったんです。

そして時間の単一性です。八月の真っ盛りの午後。暑くて、商談は終わったか、もしくは旅籠でおこなわれています。放縦と酒宴の時刻、放言と攻撃的な振る舞いの時刻です。

八月の暑さ、家畜たちは神経質になり、市での取引は活況を呈し、旅籠では活発に商談が交わされる……。状況は沸騰に向かっていました。けれどもわたしがいちばん驚いたのは、群衆の無関心さと同時に好奇心です。彼らは犠牲者のことを継続的に追跡しません。各人がいっとき惨劇を見てから一杯やりに行き、そのあと戻ってきて血まみれの気の毒な男に激しく襲いかかるのです。それからふたたび男を殴り、飲みに戻る……、というわけです。さらに、女たちも何が起きたのか見にきます。だって、これは事件ですから。惨劇は集団的な歓喜と宴会の楽しさのなかで繰り広げられるわけです。

さらにアイデンティティの単一性です。定期市では農民たちは仲間どうしです。

商人やくず屋もいて、みな仲間どうしです。自分の家にいるようにくつろいでいて、脅威をあたえるすべての敵とくらべても、自分たちのほうが強いと感じています。

苦痛に対抗する三つの《a》

あなたは暴力がいかに展開され、それがどのようなさまざまな相と結びついているか、長い分析をおこなっています。暴力、体刑の象徴理論や、犠牲者に課される苦痛や拷問の機能に立ち戻り、宗教戦争にまでさかのぼります。その後あなたは、十八世紀に啓蒙思想とともに段階的な転換が起こり、虐殺が嫌悪されるようになったと強調します。一七九二年が分かれ目になっていて、恐ろしいと同時に歓喜をもたらす暴力が絶頂に達し、同時に、この暴力は嫌悪とむずびついているのだというまぎれもない意識が芽生えてきます。『墓の彼方からの回想』のことを考えているのですが、若いシャトーブリアンは、パリで住んでいる家のバルコニーから、槍に突き刺されたたくさんの頭《こうべ》が通りすぎるのを見ています。これらの異なる段階に立ち戻ってくださいますか。

まずイタリアで、[14] その後ドイツでも出版された虐殺の歴史にかんする文章は、ヴァンデ県についてのジャン＝クレマン・マルタンの研究と、シャラント地方でおこなわれた暴力についてのクローディー・ヴァラン[15]の研究から着想して書いたものです。これらの虐殺のあいだ、自分はよい仕事をしているのだと信じ切って殺人を犯した人々がいた一方で、この惨劇に耐えられず、それが身体症状になってあらわれた人々もいました。震えがきた人、気絶した人、早産した女性もいます。このようにして、敏感な心がなすさまざまな色合いを含んだパレットが、まるで先に触れた難船の絵〔第四章〕のうえにでもあるかのようにそっくりそのまま傾けられるのです。これらの惨劇では、あまりはっきりとした社会的区分は見受けられません。広口瓶のなかに頭部をいくつも保存している教養ある人間もいます。そもそもフランス革命については、アントワーヌ・ド・ベックがすばらしい本を書いています。[16] さらに、この時代には、想像力の世界への漂流も起こりますが、その過程はドニ・クルーゼ[17]が宗教戦争にかんしてみごとに突き止めました。

白色恐怖について研究してみるのもまた興味深いでしょう。一七九二年の虐殺はしばしば、立場は逆転しますが一八一五年の虐殺と同一視されます。けれども白色恐怖の犠牲者たちは白昼、広場で虐殺されることはありませんでした。犠牲者たちは八つ裂きにされることもなかったし、死体が群衆の目の前で損傷を受けることもありませんでした。白色恐怖の時代には、敵は納屋のなかで銃殺され、焼かれます。このことは決定的な転換期に対応しています。それ以後、敵を排除するときは、こっそりと、しばしば夜中に、火器を用いて大量に行われるようになります。フランスはもはや本物の虐殺の舞台ではなくなります。他方、ギロチンが体刑の過酷さをやわらげ、断末魔の苦しみを縮めます。一八三二年の法律は、焼きごてによる烙印と親殺しの拳の切断を廃止します。「さらし刑」だけが一八四八年まで続けられます。暴力の問題と直接関係するもうひとつの重要な段階は、手術の光景が変化したことです。それ以前はきわめて騒々しく、多くの血が流されたその光景は、十九世紀のなかごろには完全に鎮まります。三つの《a》（沈痛 antalgie、麻酔 anesthésie、無痛覚 analgésie）がその光景の苦痛にたいする態度を変革するのです[18]。

したがって、あなたが「暴力の緩和の過程」と呼ぶものが、徐々に始まるわけですね。けれどもまだ虐殺はあります。一八四八年、あるいはパリ・コミューンのときです。十九世紀の流血革命は、虐殺にたいする抵抗しがたい魅惑が存続していたことを示していないでしょうか。

いいえ。一八四八年の革命は、街路とバリケードの戦いであり、歓喜する群衆によって遂行された虐殺ではありませんでした。

■ では、パリ・コミューンの参加者の目を自分たちの傘で突っついた、例のヴェルサイユのご婦人がたはどうでしょうか。

「流血の一週間」が過ぎると、鎮圧は断固たる、計算されたものになります。銃で殺し、多くの場合、夜中に、大量に排除をおこないます。それはまた別の次元の問題です。

■ しかし夜間の銃殺といったって、すべてが夜おこなわれるわけではありませんよね。

はい。シモーヌ・ドラットルが最近審査を受けた、制限選挙王政〔一八一五〜一八四八〕下におけるパリの夜にかんする博士論文(19)を参照しましょう。この論文は、夜の行動と考えられるものが、いかにして日中にも発生しうるものだったかを説明しています。

■ あなたは十九世紀の虐殺を創設のための行為として叙述しています。群衆を虐殺することはまた、行為の逸脱をくいとめる能力を証明することでもありますか。

創設のための行為としての虐殺、という指摘は少々挑発的です。ただ、十九世紀には、新しい政体が築かれるとき、つねに大虐殺がおこなわれたということにだけ注目しましょう。王政復古は白色恐怖に対応し、七月王政は一八三二年六月に、第二共和制は一八四八年六月に、第二帝政は一八五一年十二月に敵を虐殺し、そしてパリ・コミューンが鎮圧された直後に、第三共和制が勝利をおさめました。

断頭台

オートフェイの犯罪は、あなたがおっしゃるあたらしい感性には縛られていないように思われます。この犯罪は、ディオニュソス的な衝動が突然わきあがってきた結果、犯されたものです。と同時に、これは農民の行動様式《プラティック》のある種の論理にしたがっておこなわれた死刑でもあり、そこには執行する者たち特有の身振りが見いだされます。畜産業者である農民たちの犠牲になったアラン・ド・モネイスは非人間的なあつかいを受け、虐殺者たちは彼を動物のようにあつかいます。人々は棒で彼を突っつき、豚のように丸焼きにしようとし、蹄鉄工が使う「枠場」〔装蹄・手術のときに馬や牛をおさえる枠組み〕のうえに据えます。惨劇から三日目にボルドーの裁判所の検事総長が現場にやってきます。そこにはたしかに、状況のたてなおしのために任務を引き受けようとする態度があり、処刑台が運び込まれることになります……。

処刑台はすでに王政復古下、白色恐怖や即決裁判所〔とくに一八一五年に設置され、控訴を認めず政治犯を裁いた〕の時期に、百日天下のあいだに陰謀を企てた人間を処刑する目的で村々に運び込まれました。オートフェイの事件にかんしては、殺害者にたいする裁判と処刑はたしかに、任務を引き受けようとする意志のあかしです。村の広場にギロチンが据えつけられ、一団を連れて来させます。犯罪が象徴的だったので、処罰も象徴的でなければなりません。それに、当時は重罪院が大きな見せ物だったということも忘れてはなりません。オートフェイの事件はすでに知られていましたが、検事の到着にかんする挿話はわたしが発見したもののひとつです。

多くの共和派の人間の目には、農民たちは政治的分別のないフランスを体現しています。彼らの行動は、農村の政治教育に取りかかるまえに鎮圧してしまわなければならない一種のボナパルト主義の農民一揆の名残と映ります。この本の終わりにあなたがつけた文章は、共和派がこの選挙を自分たちのものとするために展開した並々ならぬ努力をよくあらわしています。そしてそれは成功しました。共和国は少しずつ地方に浸透していきました。

はい。だからこそ、地方史にかんする博士論文ではこんにちにいたるまで、農民というのはパリからのメッセージを待って他人の言いなりになる人間だと見なされつづけてきたんです。この本のなかで言及されている地方は、フランスを代表しているわけではありません。この地方では皇帝がことのほか愛されていました。ボナパルト主義が衰えてからは、シャラント県とドルドーニュ県の有権者たちは急進主義に味方しました。

あなたはご著書を準備しているとき、犯罪の現場に行ってみましたか。

こっそり行きました。訪問は衝撃的でした。なぜなら、オートフェイは人口三四人の死んだような村で、ほとんど新しい家もなく、すべて十九世紀に建てられた、しかもかなりよく保存されている建物からなる村ですから。広場、墓地、丈の高い草におおわれて廃墟と化した建造物に囲まれた、もはや誰も通らない路地がいまでも残っています。これらの残存物があまりにつよく惨劇を思い出させるので、わたしはほとんど気が休まることがありませんでした。一九九〇年二月、本が出た直後に、「リベラシオン」紙の編集者とカメラマンとともにふたたびオートフェイに行きました。わたしたちはアラン・ド・モネイスの受難の行程を跡づけました。彼の家族の子孫のひとりの家にも行きましたが、こう言われただけです。「あいつらは酔っぱらっていたんですよ。何も特別なことなんかなかったんです。わたしは一九四五年の追放〔第二次大戦終結におけるフランス解放の際の対独協力者の追放〕のときにも、同じような暴力を見ましたよ。」

この本は二時間にわたる三面記事的な事件にかんするものですが、ひとつの物語でもあります。わたしは物語をつくったことは一度もありませんでした。ところが、ポール・リクール〔一九一三～。フランスの哲学者〕が書いているように、物語は歴史家の仕事の骨組みそのものをなしています。正直言って、これが書けるかどうか確信はありませんでした。

この本のもうひとつの野心は、この三面記事的な事件を、それよりはるかに長い時間のなかに組み込みなおすことでした。そうしなければ、この三面記事的な事件は理解できるようにはならなかったでしょう。あなたはとりわけ、いままで見てきたように虐殺の観念の変化に立ち戻ろうとなさいましたが、しかしまた、暴力にたいする感受性の変化についても考察しようとなさいましたね。

ただし、虐殺は消滅していないことを強調してわたしを非難した人もいました。「ルワンダやモーリタニア、ボスニアで起こったことをごらんなさい」といわれました。たしかにこれらの国々では無惨な虐殺が繰り広げられました。しかし、それらはこの本で問題になっている虐殺と同じ論理によるものではないと断言します。西欧では、暴力と苦痛にたいしては、人々は十九世紀のあいだに明らかに我慢しなくなりました。しかしながら、ステファヌ・オードワン゠ルゾーが示したように、第一次大戦のときにはこの傾向はひっくり返りました。第一次大戦は、十九世紀の戦争よりも暴力的で恐ろしいものでした。この歴史家は、そのとき人々がどんな風にして子供たちの心を「踏みにじっ」たか、みごとに示しました。[20] 我慢の限界というのは、対象によって加減されるのだということをよく理解しなければなりません。たとえば、交通事故という大量虐殺は、爆撃を受け入れると見える――これはあたらしいことですが――現代社会では容認されます。ゲルニカ、コヴェントリー、そしてドレスデンから五〇年以上のちに、フランスの世論がとくにセルビアに「打撃」をあたえるという予告にたいしてどちらかというと賛成の反応を示したこと、そしてこの同じ世論が「側面の被害」にかんする情報には比較的無関心だったことは驚くべきことに思われます。われわれの社会は、精神的影響やあらゆる種類の心理的外傷《トラウマ》に多くの注意をはらうにもかかわらず、これらの爆撃が、毎晩待避壕に降りていかなければならないすべての子供たちにあたえる心理的外傷の影響については、新聞・雑誌のなかに怒りを読みとることはありませんでした。

サラエヴォの攻囲戦の際、人々はそのことを心配し、爆撃と攻囲戦の結果を正確にはかることができるようになるには何年も待たなければならないだろう、と説明する精神科医もいました。

たしかにその通りです。それに、自然は細心の注意をはらって尊重しなければならないとか、公害の危険性があるとかといった発言をしておきながら、化学工場を爆撃する段になるやいなや、それらの発言を忘れ去ってしまうというのは、少々一貫性に欠けています。

6　鐘が語ること――『音の風景』

ロンレ＝ラベイの事件　鐘の「事件」　眠れる資料の山
注意の様態　農村の沈黙　鐘の取りはずし　男／女の隔たり
どのようにして鐘を取り戻すか　鐘の音とアイデンティティ
反体制運動　革命記念日とトゥール・ド・フランス　音の風景
ミシュレと音の栄光　名誉の鐘の音　クロッシュメルルの被害
ロマン派の芸術家の宇宙化と土地への定着　お告げの鐘をつく男

■鐘についてのこの本は実話から生まれたといってもよいでしょうか。

はい。たしかにこれは一九五八年にロンレ＝ラベイで繰り広げられた話です。そこは、すでに申し上げたように、わたしが子供時代を過ごした場所であり、また、現在パリ第十大学ナンテール校の古代史の教授であるエリザベート・ドニオーの故郷でもあります。何年ものあいだ、わたしたちは会うたびに、ロンレ＝ラベイの鐘の事件についてぜひとも人類学的な研究をしなければならないと互いに言ってきました。わたしは事件が起きた頃二十二歳で、彼女はもっと小さかったのですが、お父さんが、わたしの父と同様、この出来事に巻き込まれました。わたしは、この争いが町を大きく揺り動かしたたったひとつの争いだったという点で、重要なものだったとつねに確信していました。

コタンタン半島のつけ根に位置するロンレ＝ラベイは、すでに見たとおり、一九四四年の八月にアメリカ軍とドイツ軍に交互に占領されました。アメリカの侵入にたいする報復として、下町は鐘楼の下にあったわたしたちの家をのぞいて焼かれてしまっていました。子供のころ、人々は鐘の音を、ちょうどゾラの『夢』〔一八八八年刊〕の女主人公がボーモンの大聖堂の鐘の音を聞くように受け止めていたものです。ところが火事で鐘が使えなくなってしまったんです。「美術品」——と当時人々は言っていたんですが——の修理中、昼食を鐘の音にあわせてとる習慣だった近隣の集落の農民たちは途方にくれてしまいました。そのため、わたしたちの家の延長線上にある町役場の屋根にサイレンを取りつけることになったんです。わたしたちは徐々にこの装置のとてつもない音に慣れていきました。さて一九五八年、教会が修復された直後、鐘がふたたび鳴るようになると、町の住人たちは町長と、公証人や医師が役職を占める町議会にたいして、サイレンのけたたましい音を止めてもらうよう要望しました。この要望はつまらないことのように見えるかもしれません。しかし、町議会内の農村の代表者たちが、サイレンの継続を求めて農村の住人たちをけしかけたんです。そのときから、「サイレン派」と「反サイレン派」が対立することになり、両者はそれぞれに議論を展開しました。町の人たちはどちらかといえば鐘を支持していました。美的にも聴覚的にもそちらのほうがよかったからです。

ペタン派と寝取られ男たち

この事件はすぐさま思いがけぬ方向に展開し、旧ペタン派とド・ゴール派のあいだの古い確執を呼び覚ますことになりました。私生活にかんする事柄がそれに続き、猥褻な注釈つきの落書きによって寝取られ男が暴かれたりしました。論争は個人的な悪口と仕返しに変わってしまったんです。農業に従事していた町長は、相次ぐ事件の成り行きにすっかりお手上げの状態となってしまいました。一九五八年〔アルジェリア共和国臨時政府が成立し、フランスでは第五共和制が成立してド・ゴールが大統領に当選した年〕に紛れもない熱狂を巻き起こしたあのユーロップ第一放送〔モナコのラジオ放送局〕がこの事件に触れたために、人々は夢中になりました。「フランス＝ソワール」紙に出た反響も同様でした。争いがあまりに激しくなったので、主任司祭が事態を収拾しようとしました。けれども、とても信仰の厚い地方だったにもかかわらず、この司祭はあまりよく思われていませんでした。百年前にそれぞれの村から寄贈された悪趣味な彫像を、彼が教会から取り除いてしまったからです。集落の住人たちは、自分たちの祖先が聖ペテロや聖バルトロマイ、聖ヤコブ、聖アンデレの彫像の費用を払ったことを誇りにしていたので、司祭のこの行為に不満をいだいていました。首席司祭管区の司祭長である、ドンフロンの主任司祭が和議を説きにやってきましたが、彼の仲介をもってしても、人々の心を鎮めることはできませんでした。農民たちは町の中心部に繰りだし、「反サイレン派」にたいする敵意を騒々しく表明したんです。

一九九四年に『音の風景』が出版されたとき、ロンレ＝ラベイのあたらしい町長は、昔の争いが再燃するのを避けるため、フランス第三放送ノルマンディー版のテレビカメラがこの事件をとりあげるのを拒否しました。しかし、それでもジャン・ルブランがフランス文化放送〔ラジオ〕で放送される番組のために調査をし、商人たちに電話をかけることまではとめられませんでした。それでパン屋のおかみさんは、この事件のあいだ、お客の半分をうしない、全国農業信用金庫に助けを求めなければならなかったと打ち明けたんです。わたしの本が出ると、ある歴史の先生から一通の手紙をもらいました。彼は農業従事者の息子で、彼も古傷をふたたび開いたことでわたしを非難しました。けれども彼は、わたしがまったく考えてもみなかった解釈をしてくれたんです。下町はドイツ軍によって破壊されましたが、ノルマンディーのいたるところでそうだったように、再建されていました。あたらしい家は、美的観点からはあやしいものでしたが、少なくとも丈夫で、近代的な快適さがあり、窓も大きいものでした。手紙をくれた人の話によると、農村では当時、下町の住人は戦争で得をしたけれども、他の人たちは何も得なかった、と言われたそうです。このような待遇の違いから生まれた恨みが敵意をいだかせたのだ、というわけです。いずれにせよ、これは二十世紀には異常な事件ですが、十九世紀にはよくあるものでした。古文書を調べてわたしはそう確信しました。

■ということは、あなたは嗅覚と視覚のあと、聴覚を研究することによって、感覚の一覧表を補おうと初

■めから考えていたわけではなかったのですか。

かならずしもそうではありませんでした。鐘が二十世紀のまっただなかでロンレ＝ラベイを分裂させたのですから、十九世紀には多くの争いの原因になったと考えられました。オート＝マルヌ県での休暇のあいだに、わたしは県の古文書館に行きました。ところで、サンチエ、すなわち鐘の鋳造を専門とする季節労働者がやってきたのはショーモンの地域からです。古文書館の史料集Vは「鐘の事件」と題された多くの書類を保存しています。国立古文書館でも同様で、そこではこの種の争いにかんする史料集F19の段ボール箱を十箱ほど調べることができました。あらゆる県で、似たような古文書が見いだせるんです。つまり、賭博や売春を監視するのと同じような方法で、当局の統制主義者たちは鐘にも関心をもっていたわけです。鐘の音を掌握している人は、群衆を扇動する力を掌握していました。だからこそ、ボナパルトやポルタリス〔一七四六〜一八〇七。ナポレオン法典の起草に尽力した法律家〕は鐘を統制する必要を感じていたんです。

わたしが行った一三の県はどれも鐘の音にかかわる事件で揺すぶられたことがありました。事件は町によっていろいろに変化するので、歴史家の仕事は簡単です。わたしより先に、このような調査をだれも思いつかなかったのが不思議なくらいです。いちばん驚かされるのは、抗争や利害対立の理由がじつに多様だということです。鐘というのは、睡眠の保障、知事や司教の到来、敵の侵入、町議会内での対立など、さまざまなことに関わっています。鐘の音はこのように多様なものの焦点になっているので、この研究はけっして単調ではありませんでした。エピナルだろうが、トロワだろうが、オーシュだろうが、サン＝ブリユーだろうが、訪れた先々で、何かあたらしいものを発見しました。たとえば最後のほうのある日、バール＝ル＝デュックでは町長たちが書いた五二通の手紙を読むことができました。彼らは、あまりにも夜遅く鐘が鳴るので、寝ていた住民たちが起こされてしまうと訴えていました。このようなことは調査を開始して以来、どこでも見つけたことのなかったものです。

ご著書の最後のほうで、あなたは鐘によって引き起こされた騒音公害にたいする訴えというのはわずかしか存在しないと説明なさっています。その例外はナダールのような気むずかしい人たちによる訴えで、彼はみずから「鋳物の反乱」と呼ぶものをののしっていました。

はい。いまお話しした、バール＝ル＝デュックの古文書のなかで出会ったもののような場合、知事は二一時に帰宅を告げる鐘を鳴らすことに決めていました。もちろん太陽時でのことです。農業従事者たちは朝五時から畑で働いていたので、家に帰れば就寝していました。ところが帰宅を告げる鐘が鳴るので、起こされてしまうわけです。鐘つき男自身も不利益をこうむっていました。彼も鐘をたたくために九時まで待って、それからでないと寝ることができなかったんです。ムーズ県ではこれは紛れもない抗議になりました。よく理解しておかなくてはならないのは、鐘がそれぞれの地域に特有の敵対関係の様相を反映しているということです。フランスは人類学的観点から見ると寄せ木細工のようなものです。したがって、争いの性格もきわめて多様で、これは、七月十四日の革命記念日に鐘を勢いよく鳴らす権利を町長たちに認めた一八八一年の法律の施行に際して、町長と主任司祭を対立させた紛争のような、全国的規模の紛争とは無関係です。

■研究者としてのよい思い出ですか……。

ほんとうにその通りです。仕事はとても気持ちのよいものでした。手書きの史料の段ボール箱のなかからは、町長や主任司祭、司教、知事などの手紙をたくさん発見しました。そのうえ、このような調査は旅の楽しみも与えてくれます。夕方、あたらしい県に到着します。わたしはすでに、売春の歴史を研究していたときに、このような周遊をしたことがありました。しかし、そのころはボルドー、トゥールーズ、モンペリエ、マルセイユ、あるいはリヨンといった大都市を優先させていました。鐘はもっと小さな県庁所在地にわたしを導いてくれました。このフランス一周についてはとてもよい思い出をもっています。それにたいして、国立古文書館では、鐘にかんする大事件、大臣自身があつかわなければならなかったような事件についての情報しか見つかりません。

世俗の音と宗教的な音

■あなたがおっしゃるこれらの古文書はすべて、あなたが「眠れる資料の山」と呼ぶもののなかに含まれるのでしょうか。

たしかにそうです。地方団体の雑誌に発表されたいくつかの論文をのぞいて、十九世紀の鐘の事件にかんする体系的な研究というものは存在していません。このことは、宗教人類学や宗教社会学の研究が数多くなされていることを考えると、意外です。十九世紀というのはおそらく、鐘の全盛期ではなく、むしろ鐘が世俗化された時期でしょう。ところが鐘は、空間や時間、美学、そして日常生活におけるしきたりが世俗化するのに抵抗します。鐘は「聖なるもの」や宗教的なものを告げるのです。七月十四日に町長が大きく揺すらせる鐘は、ミサも告げた鐘ですから、ほんとうの意味で世俗的とはいえないでしょう。

あなたが時代錯誤というものについてお考えになっていることと、それが歴史研究にもたらす危険については、すでに見ました。あなたはいま、ある警告を発していらっしゃるように思いますが、それは、歴史研究にとって取り返しのつかない損害を生み出すかもしれないものにたいするあらたなる批判として響いています。すなわち、「注意の様態」からわれわれを遠ざけてしまう感覚的「無造作」にたいする批判です。

ロベール・マンドルーがそのことを詳細に論じています。われわれは多くの感覚的なメッセージにたいして「無造作」になっていますが、それは、われわれが私的な利害関係に没頭しており、感覚は多くの刺激を受けているからです。たくさんの若者が耳にウォークマンをはめていて、もはや彼らの周りで起きていることに耳も傾けなければ、目も向けません……。こうしたことはみんな知っています。しかし、この本でわたしは、鐘の音が何か重要なことを語りかけている相手である農民たちと関わりました。それは、死や誕生だったり、集会への呼びかけだったり、唱えるべき祈りだったり、脅威が迫っているという通報だったり、勝利や災厄の知らせだったり、高官か、たんに収税吏の到着の合図だったりしました。ですから彼らは注意深く耳を傾けていたんです。

■であればいっそう、歴史家には想像力を働かせる努力が要求されることになりますね。

もちろんです。わたしが子供時代を過ごした生け垣《ボカージュ》の地方でも、事情は同じでした。新聞はほとんどなく、鉱石検波受信機がいくつかあっただけです。ミシュレ[1]は鐘の重要性によく気づき、とても美しいページを残しました。たとえば十五世紀のフランドルの都市について語るとき、バルザックのようにいわば静物画を描写するのではなく、聴覚的なもの、とくに鐘を強調します。というのも、鐘は都市の共同体の魂そのものだったからです。わたしの前作は国立図書館で参照した著作をもとに書かれました。今回はいわば、地面すれすれ、主任司祭や、町長、町会議員のそばにとどまりました。虚構の文学、詩のなかで鐘を紹介するようなやり方で、もう一冊本を書くこともできるでしょう。わたしは最終章で、おそらく少々手短にでしたが、そのことに触れました。ロマン主義時代には、村の鐘の音に耳を傾けることは、無意志的記憶《レミニサンス》を呼び起こすための方法の一部です。

■あなたの本はフランス革命へと通じていますが、フランス革命は、鐘と鐘の音から聖性を剥奪するプロセス、そしてさらには、感覚的なものを律する企てへと乗りだしますね。この企てがいかに乱暴なものであったかは、アンシャン・レジーム末期に、鐘がどれほどの「情動的な力」をもち、音の組織網がどれだけ広がっていたかを理解するために相当に想像力をはたらかせなければ——といっても空しい努力なのですが——推測できないものです。

一九五七年にわたしは修士論文で、フランス革命期に亡命貴族と教会から没収した、カーン地区の国有財産の研究をしました。鐘もそこに含まれていました。ですから、そのときすでに将来の本の対象について、財産目録を調査し、情報を集めていたんです。ノルマンディーの大修道院はとても数が多く、豊かなので、その鐘の音は近隣の農村に強力な音響網を張りめぐらしていました。

カミーユ・ジョルダンは立派です。彼は勇敢にも、一七九七年六月に五百人会（革命暦第三年の憲法により定められた下院）で、正確な動機は告げませんでしたが、鐘を擁護するために巧みな論法で宝物を並べあげます。彼は鐘が「国民にとって大切なものだ」ということを認識し、説得しようとするわけです。

五百人会のまえでおこなわれたこの演説は、わたしより先にモナ・オズーフが突き止めたものですが、たしかにこの演説において、カミーユ・ジョルダンは聴衆にたいして、彼らがおかそうとしている重大な過ちについて説明しようとしています。鐘の撤去は農村にはげしい精神的ショックをあたえました。空間と時間から聖性を剥奪しようとするねらいを越えて、当時の政策は、農村共同体の機能そのものまでも危うくしていたのです。

農村の音の風景を転換させようとするこのような意図は、こんにちでは驚愕すべきものに思われます。

でも、非キリスト教化政策の論理の一環を成すものではありました。

それはまた、あなたが注意をはらっているものが打ち出された時期でもありますね。すなわち、十九世紀において統制が実施されるようになった時期です。

ポルタリスと第一執政〔ナポレオン・ボナパルト〕は、鐘の禁止が失敗に終わったことを確認すると、ほかの多くの領域でもそうですが、事実を尊重して、鐘を監視しながらも復活させることに決めます。

一七九一年、憲法制定議会は補助貨幣をつくるために鐘を溶かし始めます。一七九三年には共和国はそのほかの鐘も犠牲にするのでしょうか。

鐘の破壊はたしかに何期もに分けておこなわれました。最初は、修道院の鐘が没収されました。けれども町当局が使用できるようにひとつ、ときにはいくつもの鐘が残されました。侵略の危険が迫ると、大砲をつくるためにたくさんの鐘が溶かされました。非キリスト教化の急進的な政策が失敗に終わり、教会の再開が決定されても、鐘を鳴らすことは禁止されていました。というのも、宗教的儀式の執行は公的な空間にまではみ出してはならなかったからです。この領域では、象徴はきわめて明白です。鐘は祝別されています。したがって、鐘が出す音は空間を神聖化する性質をもっています。一方、鐘の音を聞いたときにいだく感情を政令で変えることはできません。ですから、非キリスト教化を支持する者たちにとって、鐘を禁止するのは理にかなったことだったんです。

没収された鐘は、いうなれば効力をうしなって倉庫に保管されたわけですね。

たしかに全国にはりめぐらされた倉庫の一大組織網のなかに保管されました。けれども、意を決した多くの住民たちがそれらを取り戻しに来ました。というのも、彼らは聖杯や、聖体器、聖体顕示台、そして彼らの教会の宝物のすべてと同じように、自分たちの鐘に愛着をもっていたからです。

鐘、聖体器、上祭服《カズラ》

鐘を取りはずすときに起きるいくつかの出来事はじつに驚くべきものです。鐘を取りはずすために、大工、車大工、錠前屋、または鍛治屋が呼ばれます。けれども多くの人たちが多かれ少なかれあからさまに反対し、気分が悪くなったり、来なかったり、敵意に打ち勝つために武装勢力に頼ることさえあります。なぜなら、鐘を降ろすということは、共同体を侵犯することだからです。鐘を守るために人々はそれを土のなかに埋めたり、国境近くの町ではスイスに運んだりもします……。あなたが切断、「摘出」されたような感じとして示していらっしゃる、このような鐘の取りはずしにともなうショックは、どのように推し量ったらよいのでしょう。

たしかに、このような示威行動はとても広がっていました。この場合、多くの場所で女性たちがとくに強硬でした。ベレームの周辺部では、女性たちが、聖布や上祭服《カズラ》、聖体器、聖体顕示台、そして町当局——当然男性です——が祖国に提供したかつての教区の「宝物」のすべてを小郡役所所在地まで取り戻しにいったんです。鐘の撤去は、共同体に打撃をあたえることでした。共同体はこのことによって、空間の神聖なる支配のための決定的な構成要素のひとつを失うことになったからです。ある村で鐘楼が沈黙しているということがどんなことを意味するか、想像できますか。司教が破門にあたいする町にたいして聖務停止令を出したとき、鐘が沈黙するのであって、それは不名誉のしるしでした。

共同体による自分たちの鐘の回収の試みは、どれも興味深いエピソードです。町の住人たちはこのことについては、驚くべきエネルギーと執拗さを発揮します。人々は自分たちの鐘がどこにあるか調査し、より多く、よりよい鐘を求め、あたらしい鐘を鋳造させるために借金をしたり、共同体の財産やコナラの木を売ったりします。嘆願書を作成し、募金を集め、必要とあれば隣の村から鐘を盗んできさえします。

こうしたことはすべて、鐘を取り戻すことが共同体の財産を所有することよりも重要だったことを示しています。わたしが研究していた頃、そのことはとりわけジェール県でわたしを驚かせました。オリニ＝ル＝ビュタンは、その後ルイ＝フランソワ・ピナゴにかんする本『記録を残さなかった男の歴史』を準備したときに研究した村ですが、十九世紀半ばには多くの貧窮者をかかえていました。けれども当時は、鐘の修復のほうが優先されると考えられていました。ペルシュのように特別信仰心が厚いわけではない地域でもそうでした。ヴァンヌの司教区(2)では、十九世紀のはじめには、司教館や鐘や鐘楼の維持が町当局で承認された支出のうちでもっとも大きなものでした。われわれの想像に反して、この領域で優先権をもっているのは、学校でも、町役場でも、貧困でも、道路でもなく、教会だったんです。

自分たちの鐘が「よその鐘楼で」鳴っているのを聞くのはいっそう激しい責め苦だ、とモンクラールの町長が一八三一年に言っていますね。

たしかにこの感受性は驚くべきものに感じられます。わたしには隣の鐘の音を聞き分けることなどできないでしょう。

人々はきわめて要求がうるさいようです。鐘の改鋳の際、ラの音のほうがよかったのにソの音になったといって文句を言う人たちがいます。音にかんする知識についてはどうなのでしょうか。

彼らがほんとうに音色を認識していたかどうか、わたしにはわかりません。けれどもたしかなことは、自分たちの鐘の音がちがっていることがわかったということです。そのことは感覚文化の歴史に情報を提供してくれることになるでしょう。

ミッテランの鐘楼

革命にまつわる挿話的な出来事は、鐘やその音がどれほど共同体のアイデンティティにむすびつき、帰属意識を根づかせていたかを示しています。明瞭なのは、本全体を通して、フランスというものがいくつもの音の細胞からできたひとつの組織のように見え、そこでは鐘が毎回特異な波動を四方に広げているということです。

フランソワーズ・カシャンは、十九世紀後半の風景画における鐘楼の象徴的な力をみごとに示しました。ヴィダル・ド・ラ・ブラーシュの『フランス地誌』もこの視点を受け継いでいます。フランスの領土はしきたりのモザイクをつくりあげていて、七月王政の初期から、当局はそれを記録しようとつとめました。そのうえ、しばしば反教権主義がきわだっていた第三共和制の政府も、鐘楼の象徴性とはそれほど闘うことがありませんでした。ドイツ人は小さな祖国(Heimat)に敏感だといわれます。フランスでも同じことです。ジャン＝フランソワ・シャネ[3]は、共和国の学校の教師がどれほどこの概念を強調したか力説しています。郷土色にたいする鋭敏な感覚に基づいた小さな祖国は、国家の基本的な細胞をつくりだしています。しかるに、鐘はその小さな祖国を象徴しているんです。一九八一年の大統領選のときにフランソワ・ミッテランが用いた有名なポスターには、村の鐘楼が見られます。それは郷土に根づいたフランスのアイデンティティを示すイメージなんです。

宗教的な鐘の禁止——警察大臣が言ったように、鐘は「狂信をうみだす強力な原動力」ですから——は、革命期の七年間、ほんとうに続いたのでしょうか。じっさいには、とくにオート＝ピレネーのような遠くの県では不法に使用し続けられていたようですが。

禁止は形式的なものでした。奥まった村、すなわち鐘が都市からは聞こえないところでは、鳴り続けていました。鐘なしですませるのは難しかったからです。とくに洗礼の鐘はきわめて重要でした。

キリスト教徒の共同体に仲間入りしたことを告げるのはその鐘ですから。新生児は洗礼を受けるまでほんとうの意味では人間でないんです。

その点からすれば、革命による摘出手術は失敗に終わったということになりますか。あなたは「反体制運動の勝利」とまでおっしゃいますが。

そうです。モナ・オズーフやこの時期にかんするほかの専門家の目から見れば、言語や、暦、そして鐘にたいしておこなわれた政策は、農村でフランス革命が失敗したことの無視できない原因になっています。

何年間も沈黙を余儀なくされたあと、政教条約《コンコルダート》（一八〇一年に教皇ピウス七世とナポレオン一世のあいだで交わされた）とアミアンの和約が公布されてから、鐘はふたたび鳴り始めます。鐘の音は大革命が終わったことを示していました。歴史家はこの鐘の解放をどのように評価できるのでしょうか。

鐘がつぎつぎと破壊されたために、音量はとても小さくなっていたことをよく理解する必要があります。

「これはあれを殺すだろう」

あなたは、六万の鐘楼からおよそ一〇万個の鐘が取りはずされて溶かされ、それは約五万トンにのぼるだろう、とお書きになっていらっしゃいます。

だから十九世紀にはあれほど多くの鐘が改鋳されなければならなかったんです。十六世紀、十七世紀、十八世紀の鐘は現在ではわずかしかありません。

もっとも荘厳な鐘が鳴ったのはいつですか。宣戦布告のときですか、国民の祝日ですか、それとも一九四四年のパリの解放のときでしょうか。

ええ、宣戦布告や勝利のときです。オルヌ県では多くの高齢の農民たちは、一九三九年の動員のときの鐘の音を覚えています。わたしが一九九四年にこの本を執筆していたときには、鐘楼がつぎからつぎに、トゥール・ド・フランス〔フランス一周の自転車競走〕の通過を告げていました。まだこの慣行が残っているかどうか、わかりません。それに、いまでも鐘が多くの人々の関心をひくのかどうかさえわかりません。もちろん、とくに若者は無関心だろう、というときには用心しなければなりませんが。いくつかの農村では、若者の多くが、鐘という世襲財産を守るために協会を結成し、現在、再建のための努力を盛り上げようとしています。鐘の財産目録が作成され、それらの名前、出所、直径などが記録されています。

鐘は、鐘楼や大地や畑の畝溝などのイメージとともに、たとえばヴィシー体制下でイデオロギー的な懐柔の一形式になりませんでしたか。

たしかにヴィシーは、こうした土地への定着をあらわす象徴体系を称揚しました。そもそも、先ほど話に出たミッテランのポスターにかんして、そのことが思い出されなかったのが不思議なくらいです。名前占いの手引によると、「フランソワ」という名前は伝統的に「静かな力」にむすびつけられますが、その力は、ポスターでは鐘楼の平和神学的なイメージによって象徴されていました。

あなたは鐘が「合図を美的なものにし、日常生活を芸術的にする」とお書きになり、鐘がリズムをつけるあらゆる仕事や祭式の身振りを再検討しています。鐘が沈黙したり、鳴りすぎたりすると、社会生活を混乱させ、政治生活に支障をきたすことになりかねません。あなたは鐘を中心とした伝達システムの豊かさに驚いたのではないでしょうか。

ええ、それというのも、わたしはこのシステムがこれほど決定的なものだとは予想していませんでしたから。ある仮説を実証したり、よく知られている命題を例証しようとする歴史家は、自分が調査のなかで何を発見するか、おおよそわかっているものです。ところがわたしはどうだったかというと、『音の風景』を執筆しながら、驚きにつぐ驚きでした。ですからすぐに、自分が重要なテーマをあつかっていることがわかりました。『ノートル＝ダム・ド・パリ』のなかで若いヴィクトル・ユゴーは

「これはあれを殺すだろう」〔『ノートル＝ダム・ド・パリ』のなかの一章のタイトル。印刷術の発明により、中世の大聖堂が消滅していったこと、文字が音を消したことを示している〕と書きました。じっさい、あれは、書かれたものによって殺されたのです。

それにあなたは、音の風景をまえにして丘のうえに腰をおろしている旅人のイメージもふたたび取りあげていますね。

「音の風景」（*soundscape*）という観念を最初に持ち出したのはカナダ人のロバート・マリー＝シェーファーで、一九七九年に出版された本のなかでのことでした。それ以来、音の風景の歴史にかんしては、とくに人類学者や音響技術者や建築家によってたくさんの研究がなされています。グルノーブルでは、クレッソンという研究センターが音の環境の研究を専門にしています。オリヴィエ・バライは最近、十九世紀のリヨンの音の風景にかんする博士論文(4)の公開審査を受けました。

においの風景というのも存在するのでしょうか。

一九九八年にナタリー・ポワレが人類学のすばらしい博士論文(5)の公開審査を受けた際に、このにおいの風景という観念が、とくにアラン・ロジェによって議論されました。というのも、嗅覚が地図を把握し、ほんとうの意味で空間を解読するのはとても難しいことだからです。花の咲いた庭を散歩していれば、バラの香りを吸い込むかもしれません。けれどもだからといって、庭の反対の端にあるジャスミンのにおいを感じるわけでもなければ、目をつぶっていても地図がわかるというわけでもありません。

鐘には多くの効力や機能があります。鐘には予防の効果があり、雲や雷雨や嵐を突き破ることによって雹《ひょう》を予防したり、夜がやって来るとうろつきわる悪魔や魔女から人々を守ったり、死者と生者のあいだの絆であったり、さらには病をなおす効力ももっているとされます。そこに、革命による非キリスト教化の失敗の印を見てとることができるでしょうか。

ここでは、宗教的なものと聖なるもの、非キリスト教化と非聖性化は区別するほうがよいでしょう。

しかし、これらの鐘の多様な機能のなかには、異教のおぼろげな記憶がいろいろと含まれていませんか。

それは聖なるもの、すなわち俗とははっきり異なるもの、に属しています。鐘が受けた祝福は鐘に力を与えてくれます。いずれにせよ、わたしにとってもっとも意外だったのは、鐘の修辞法を発見したことでした。集合の命令だけを考えてみましょう。鐘が宗教儀式を召集することは知っていましたが、収税吏が来ても、町議会の集まりのためにも、投票の開始にも、また、道路工事の際にも、ブドウの収穫期の開始を告げるためにも、羊の移牧のためにも、町の雄牛の品評会にも鐘が鳴らされることを確認したのは驚きでした。鐘は不可欠だったんです。われわれはこのことを忘れてしまっています。こんにちでは、鐘がになっていた機能は新聞や雑誌、ポスター、ラジオ、テレビが引き受けていますから。

鐘は一日のそれぞれの時間に区切りをつけてくれます。それは村人たちの時間を組織化し、――紛争の原因にもなりますが――お告げの鐘を鳴らします。あなたは三つの時間、時間性の三つの水準を区別していますね。典礼の周期、儀式の時間、日々のリズムです。

典礼の時間とは異なる儀式の時間という考え方は、アルフォンス・デュプロンから拝借しました。

これらの機能のすべてを理解し、解読するためには、当然のことながら、あなたの子供時代の経験と信仰の実践がおおいに役立ったのではないでしょうか。

わたしは宗教史の専門家ではありませんし、もうずっとまえから教会には行っていません。しかし、この種のテーマをあつかうには、ある程度その環境に浸かっていることが必要です。歴史家のミシェル・ラグレの美しい言い回しを借りるとして「内なる古文書」をもっていなければ、こうした情動を洞察するのは困難です。いずれにしても、この本によって、鐘にふたたび耳を傾けようという気持ちになった人たちがいるのではないかと思います。鐘はさまざまな思い出を呼び起こしませんか。

ええ。でももっと世俗的な記憶です。革命記念日に祖母の家にいたときに鳴った、サンスのサン＝テチエンヌ大聖堂の大鐘の記憶です。鐘と大時計、文書、ポスター、太鼓のあいだの争いや共存はどのように展開されたのでしょうか。一八九二年に標準時が制定されますが、自動的に太陽時にとって代わったのでしょうか。時間のさまざまな読み方は急速に並置されるようになったのでしょうか。

ここでまた、寄せ木細工の比喩があらわれます。それぞれの町がいつ大時計――鐘楼のうえに取りつけられることがもっとも多かったのですが――を備えつけたか知るには、とても大がかりな調査をおこなわなくてはならないでしょう。同様に、懐中時計や個人用の大時計があらわれた時期を正確に推定するのも難しいことです。この時間の読み方の並置をよく理解するには、もっと最近のほかの例をとりあげてみるとよいでしょう。二十世紀には電化や、水道や汚水排水装置の設置が進められましたが、その時期は町によって非常にばらついていました。中央山地のいくつかの地域では、水道はつい最近引かれたばかりです。ロンレ＝ラベイでは、繰り返しになりますが、一九五四年に引かれました。ほとんどの町では十九世紀のあいだに大時計をとりつけました。それ以来、この機械の音色と鐘の音は、とくに信仰の厚い地域でいつも対立していたわけではありません。とはいえ、鐘楼の大時計は直線的な時間を示し、同じ教会の鐘のほうは周期的な時間である典礼の時間にリズムをつけるということに変わりはありません。そのためときおり、とても興味深い争いや合意が生まれるわけです。

ブルターニュの主任司祭の誕生日

鐘のもうひとつの大きな特徴は、それらが混乱を引き起こしうるということです。そのことは穀物一揆のときにわかります。一八一七年にモンタルジで鐘が人だかり、不穏な群衆を告げたときも同様です。十九世紀の初めの三分の二の時期は早鐘がその役割を果たしていました。

もうひとつの役割は警報の役割です。鐘は火事や侵入を告げます。この種の音による情報ははなはだしい心の動揺を引き起こします。即座にその意味がわかる鐘の音が聞こえると、心臓が高鳴ります。あなたがお読みになったテクストにはそのようなことは報告されていますか。

九月の虐殺のときに鳴った早鐘が、どれほどの力で感じやすい人々の心を揺さぶったかわれわれは知っています。十九世紀には、人々はこの警報を聞いたら動揺させられずにはいられませんでした。

あなたは、鐘の音が犯罪目的に使われることもあるという例さえ見つけていますね。たとえば人々を集めるために鐘を鳴らしておいて、その間に家に略奪にはいるという例などです。

この手法はごく初歩的なものです。打ち明けて言えば、一九五八年にロンレ＝ラベイで、先にお話しした争いがあったとき、わたしは火に油を注ぐために何人かの共犯者とともに真夜中にサイレンをうならせようかと考えました。それほどこの事件はばからしく感じられたんです。しかし、土壇場になって、このようなことを率先してやったら、人々の激情をあおることになりかねないと心配になりました。

こうしたことにはすべてドン・カミーロ〔『陽気なドン・カミーロ』の主人公〕がいます。あなたの本を理解するためにはジュリアン・デュヴィヴィエ〔一八九六〜一九六七。映画監督〕の映画を見なくてはならないようですね。

それはたぶん有益でしょう。それに『クロッシュメルル』〔ガブリエル・シュヴァリエの小説、一九三四年刊〕を読むのも。でも時代錯誤には気をつけてください。それから、理解ある見方のさまたげになる嘲弄的な意図にも。

もっと真面目に言うのなら、鐘はきわめて政治的な闘争や争いの中心に位置しているということです。鐘は権力の重大な焦点となっています。司教、知事、主任司祭、町長、教師、憲兵、大臣さえもが論争に介入し、懇願され、不平や苦情に応じます。鐘を鳴らす権限や鐘楼の鍵を握る権限は政治的な役割をあらわしており、優先権をめぐる争いをひきおこします。鐘楼は町の「灯台」だ、とヴォージュで一八九〇年に代議士のジュール・メリンヌが宣言しています。彼の目からすれば、鐘楼は「祖国という観念を構成する要素そのもののうちのひとつ」なのです。しかしじっさいには、イデオロギー的な論争と内輪のもめ事が比較され、ときには混同されてもいるようです。

農村の政治史のすべてはそこにあるのです。わたしをもっとも驚かせたのは、名誉をたたえる鐘の音がいまだに存続していて、町に入場するときに鐘を鳴らしてもらいたい人がたくさんいるということでした。大臣が副知事を叱責して、副知事は鐘を鳴らしてもらう権利はないと念を押すことさえあります。司教が鐘を鳴らしてもらうのは当然です。しかし、ブルターニュで出くわすように、主任司祭が鐘を鳴らしてもらうとか、さらには自分の誕生日に鐘を鳴らしてもらうような場面というのは、当然とはいえません。あらゆる機会に鐘を鳴らしてもらうことを願うこの願望は、十九世紀には社会的ピラミッドの底辺にいたるまで名誉が重んじられていた、とロバート・A・ナイ(6)が書いていることの一環を成すものです。

たがいに知り合うという、より正当な願望や必要性も存在しています。鐘は情報をあたえ、予告します。誕生のとき、洗礼のとき、結婚のとき、いまわの際にあるとき、死ぬとき、埋葬のとき、鐘を鳴らしてもらわなければなりません。こんにちでは、このような機能は地方紙のページに見られるものです。

もちろんです。第三課程の博士論文を準備していたときに確認したことですが、リムーザン地方の農村では、人々はまず新聞の一面ではなく、誕生と死亡の覧を読んでいました。それに、こんにちでも、多くの知識人たちが『ル・モンド』紙を読むときに「消息欄」から読むということを、われわれはよく知っています。十九世紀の農村、たがいに知り合いである社会のなかでは、他人の家族にかんするあらゆる出来事に通じている必要があり、そのことだけでも、鐘の音に耳を傾けることが不可欠になるには十分でした。たとえば教区の住人のひとりにつぎに出合ったときにお悔やみのことばを述べられるように、弔鐘による音響的な死亡通知によく耳を傾けなければならなかったんです。

それにたいして、鐘を鳴らしてもらえないというのは不名誉なことです。人々はそのことによって精神的に傷つけられ、侮辱されます。音響的な名誉から追い払われるということは、追放され、のけ者と名指されることです。

はい、それは自殺者と、「未婚の母」から生まれた子の場合です。こうした鐘をめぐる争いはすべて、われわれには取るに足りないことのように見えるかもしれませんが、とても真面目に受け止めねばならないものです。ガブリエル・シュヴァリエの『クロッシュメルル』は両大戦間にあれほどの成功をおさめた本ですが、わたしがこの本で非難したいのは、鐘を軽蔑させる原因になったことです。この本は、歴史家が鐘に興味を持てないのは、まさにそれが「クロッシュメルル」の鐘であり、政治学的な鐘ではないからだ、という考えを暗黙理に定着させました。

鐘、パイプオルガン、リードオルガン、そしてセルパン

鐘とむすびついたこれらのさまざまな紛争にかんがみて、パリ当局は地方とそのしきたりの重要性に気づくのでしょうか。いくつかの措置や決定が無効だということを意識するようになりますか。それぞれの地域がモザイクのようにつくりあげられていることを理解するようになりますか。

権力の座にいた人たちはエリートに属していて、こうしたことをうえから見下ろしていました。しかしながら、こうしたことに気を配ったほうがよいということはわかっていました。とくに七月王政下ではそれが明瞭で、その点、七月王政は炯眼をもっていました。「地方のしきたり」について無数の小冊子が花咲いたのはこの時期です。バルザックが「地方生活の場景」を執筆したのも、スタンダールが観光旅行に出かけ、ノルマンディー――最近フランソワ・ギエ(7)が研究しましたが――をはじめとするいくつかの地域のイメージがつくりあげられたのも、その頃です。こうしたことはすべて、同じ一貫性から生じたものです。パリでは、人々は地方性とは距離をおきながらも、その重要性をよく推

し量っていました。知事たちが首都との手紙のやり取りのなかで用いる口調から、そのことはよくわかります。知事たちは自分たちが報告しなければならないと感じるある種の出来事の深刻さを意識していましたが、同時に、愚か者だと思われないためにところどころにちょっとした嘲弄的な口調を滑り込ませずにはいられなかったのです。

鐘には一連の言語がありますね。チリンという鳴り方、早い鳴り方、けたたましい鳴り方、「キンコン」という鳴り方などです。鐘の文法を識別することはできますか。音の古文書というのは存在するのでしょうか。

組み鐘《カリヨン》にかんしては存在していますが、ほんのわずかの農村しかもっていません。ですから、いくつかの大きな教会と鐘塔しか関係しません。けれども鐘はそれだけですでに音の古文書をかたちづくっています。鐘が十六世紀のものだとわかれば、昔の音を聞くにはそれを「鳴らす」だけでよいのですから。最近の鐘はとても良質で、よく響きますが、昔のより美しいでしょうか。わたしにはわかりません。パイプオルガンにとっても同じ問題です。震音《トレモロ》をかなでるバロック期のパイプオルガンは、十九世紀につくられた力強い楽器より感動的です。もっと話を先に進めるべきかもしれません。著書のなかでわたしは、鐘をパイプオルガンやリードオルガン、一種のトロンボーンであるセルパンに十分にむすびつけませんでした。鐘は農村の音響的で、教権支持的で、神聖な世界全体にとって唯一の要素ではありません。たとえばロンレ＝ラベイには小郡中で有名な人物がいました。「マドレーヌ」と呼ばれる女性で、一九一九年から一九九三年までリードオルガンを担当していました。毎週日曜には、上祭服を着た力強い声の農民が二人か三人、聖歌隊主席歌手の役割を果たしていました。鐘楼の音やリードオルガンの響きとともに、彼らの声も長いあいだ記憶に刻まれていました。

鐘にかんする文献はおおいにめまいや心の動揺を引き起こします。鐘は涙を流させ、心の混乱のなかに深くはいりこんできます。同様に、人々は鐘を渇望し、それに覆いを被せ、愛情のこもった言葉をかけます。鐘は感情や人間の情念のあらゆる音域を伝えます。リュシアン・フェーヴル、アルレット・ファルジュ、ジャン＝マリー・グールモ、ダニエル・ロッシュのような近代を研究する歴史家の警告を思い出す必要はないでしょうか。彼らはその研究のなかで、当時の人々はこんにちほど感情や感情の表出を隠さなかったと説明しています。十九世紀の人々もまだそうでしょうか。

もちろんです。そしてゲオルク・ジンメルがノルベルト・エリアスよりもまえに、現代のわれわれの社会における自己抑制を強調しながらこのことを確認しています。人々はもはやあまり出しゃばらなくなり、道で他人に声をかけることがなくなりました。この傾向は五〇年代からいっそう強まってきたのではないでしょうか。

鐘にかんする文献はまた、鋳造職人のような非凡な人物もよみがえらせます。鋳造職人はメモ帳を携行し、彼の技術をある種の秘密で取り囲んでいます。彼は鐘の音色を知っていて、亀裂や割れ目ができている鐘を見つけることができます。彼が金属の溶解や流し込みの作業にとりかかると、村全体が釘付けになってしまう、そんな人物です。

じっさいわたしは農村のこのような光景に出会ったことがあります。けれども、正直なところ、心の準備ができていませんでした。こうしたことは教科書には載っていませんでしたから。たしかに鐘の博物館というのはいくつかありますが、歴史研究には鐘学は加わっていないんです。そもそも、なぜ加わっていないのか、わたしにはわかりません。フランスの地方にかんする研究はこんなにたくさんあるというのにです。古文書を読んでいて、わたしはびっくり仰天しました。誕生や死など、人生のあらゆる出来事が鐘にむすびつけられているのです。シラー〔一七五九〜一八〇五。ドイツの詩人、劇作家〕は人生のこの鳴り響く瞬間瞬間を回顧するために、彼のもっとも美しい詩の一編をささげています。

あなたはユゴー、シラー、ラマルチーヌ、シャトーブリアン、セント＝ヘレナ島に鐘がないことを嘆くナポレオン、鐘の音の意味が衰退するだろうと予言したボードレールなどにおいて、鐘がどれほどロマン主義的なテーマであるかを示しています。ロマン派の芸術家にとって、鐘はどのような詩的な役割をもっていたのでしょうか。

彼らの作品には二つの主要なテーマが見つけ出せます。鐘の音は自然の音、すなわち風や雷や嵐の音と調和します。シャトーブリアンにおいてはこの宇宙化はとても重要なものです。二つ目のテーマは、とくにシラーやラマルチーヌにおけるものですが、土地への定着の象徴、「時間の不可逆性《ネヴァーモア》」、幼年時代の再発見、無意志的記憶の瞬間性などにさまざまなかたちを与えるものです。ボードレールの場合はもっとあいまいです。

鐘つき男と日本人

あなたの本が出版されたとき、フランス文化放送でミシェル・ペローが司会をしていた番組で、あなたは彼女にこんなことを説明しました。すなわち、失ったばかりの世界を復元するのは難しいことだと。この考えを詳しく説明してくださいますか。

もっとも大きな日常性脱出《デペイズマン》の感覚というのは、ずっと昔に失われたものと関係しています。中世にかんする歴史の著作の読者や、ダニエル・ヴィーニュの映画『マルタン・ゲールの帰還』の観客は、あたかも自発的にであるかのように日常性脱出の感覚の喜びを味わいます。しかし、まだ完全には消えていないものにたいしてこの感覚をもつのは、もっと難しいことです。衰退の瞬間というのはほとんどとらえられませんから。たとえば鐘の衰退は、都会か農村かで年代が異なることがわかっているのに、いつだと推定すればよいでしょうか。

一九九八年、『記録を残さなかった男の歴史』が出てから数ヶ月後、わたしはオリニ＝ル＝ビュタンで、日本の放送局ＮＨＫのために企画された番組に参加しました。演出家たちは『音の風景』の翻訳を読んだあと、オリニ＝ル＝ビュタンには鐘つき男がいるかどうかわたしにたずねました。この予期せぬ質問に面食らって、「八〇人しか住人がいない村ではそれはほとんどありえないだろう、鐘は電動式なはずだ」と答えました。ところがそこに居合わせた村長は、「村にはそのような装置をつける費用などない」といってわたしの言葉を打ち消しました。フランスの鐘つき男を撮影することができるかもしれないとわかって、日本人たちの目は大きく見開かれました。彼らはすぐ鐘つき男に会わせてくれと言いました。当惑した村長は、「今日はもうおそいから、鐘つき男は明日にならなければ働かないだろう」と答えました。わたしたちは鐘つき男の奥さんに会いにいきましたが、奥さんもつぎのお告げの鐘までは夫の鐘は聞けないだろうと念を押しました。翌日、正午二分まえに教会のそばの一軒の家の扉が開き、威厳のある人物があらわれ、肩を揺する歩き方で近づいてきました。彼はお告げの鐘を鳴らしましたが、まるでわたしたちなどいないかのように、一言も発しませんでした。カメラマンは彼の周りを驚くべき敏捷さで回りながら撮影しました。彼のファインダーのなかには、深部のフランスの一場面と、彼らが歴史のなかに埋もれたと考えていた人物が写っていたんです。こんなことを言うのも、都会の若者や外国人にとっては日常性脱出の感覚であるものが、農村のもっとも高齢の人たちにとってはそうではないということを説明するためです。いつこの分離が始まるのかを研究することが大切なんです。

7

時間の使い方——『レジャーの誕生』

時間のプレッシャー　レジャーの歴史　ブルジョワジーと自由時間
労働の観念　レジャー、消費、罪悪感　サッカー
左翼と聖職者たちの権利要求　日曜日
大型客船と空白の見せびらかし　産業社会における疲労
労働時間の短縮と社会的な使い方
スタンダール、バルザックと「地方」　パリと地方の性的区分

レジャーの誕生にかんする共著の序論であなたは、この本をまとめようと思ったのは、「われわれの日常生活にたいする時間のプレッシャーが増大し、つねに時間が不足していると感じ、そのため時間を節約しなければならないという思いが頭からはなれない」からだ、と書いていらっしゃいます。この歴史書は社会学的、政治的、社会的な現状への特異な反応でもありますね。

出版社はレジャーについての本を出そうと考えていました。ところがわたしはその企画を、時間の社会的な使い方と時間についての考え方の歴史にまで広げることによって、一転させてしまったんです。もちろん、レジャーは社会学者たちがほとんど独占的に研究しているテーマですから、彼らがす

でにおこなった研究からヒントを得たことはたしかです。この観点からして、わたしがもっとも関心をもった社会学者のひとりは、なぜかこんにちでは軽視されている学者ですがジョルジュ・ギュルヴィッチです。彼の社会学の概論書は一九六〇年代の初期、多くの歴史家に指針をあたえたもので、そこには時間の社会的な使い方についてのとても興味深いテクストも含まれています。それらのテクストは、ここかしこでヴェルナー・ゾンバルト〔一八六三〜一九四一。ドイツの経済学者、社会学者〕などの古い研究を参照しています。ゾンバルトはベンジャミン・フランクリン〔一七〇六〜一七九〇。アメリカの政治家、出版業者、科学者〕を典拠として、ブルジョワジーの道徳観とは何よりもまず時間の使い方についての道徳観だ、という仮説を示しました。わたしはまた、時間にたいする関心が増大したことを証明する十九世紀初頭の研究をも拠り所にしました。なかでも、精神的、実践的、身体的なスケジュールを記したメモ帳をもち、「自己」が成し遂げることのできた前進を評価するために、そのメモ帳の内容を一種の日記でたどり直すことが必要だと説いたジュリアン〔一七七五〜一八四八。『時間の使用法についての試論』の著者〕のテクストです。十九世紀はこのように、時間の使い方や計り方にたいする注意がいや増していった時期でした。

わたしはまた、こんにちいっそう気がかりになってきているのではないかと思われることについても考えました。それは、時間のプレッシャーが増大して、なんでも予定を立てなければならなくなってきているということです。どんな領域でも、人々はもはや予定を立てず、先回りせず、計画せずには何もできなくなってきています。ところが、これこそが驚きなのですが、このあたらしい束縛は抗議も、要求も、デモも引き起こすことなく幅を利かせているんです。われわれは列車に乗るまえには席を予約しなければならないということを容易に認めてしまったわけですが、そのようなことは少しまえまでは不要でした。それに、よく納得もせずに、グラン・パレの展覧会を見に行くときには予約する必要があると考えてしまったんです。ホテルやレストランに行くにも、子供を保育園に登録するにも、旅行代理店に出向くにも、何をするにも、「予約はしましたか」と聞かれます。わたしの同僚のなかには、わたしが感嘆してしまう人がいます。彼らはとてつもなく大きな手帖をもっていて、「残念ながら、予定がつまっていて、これこれの月にならないとご招待をお受けできないのですが……」などといって、まるでスター気取りです。しかしながら彼らは、こんな予定など立てる必要のなかった前任者たちと同じ職業にたずさわっているんです。

対抗手段はあるし、割引券だってあるじゃないか、インターネットが可能な選択肢を増やしてくれるので、予定の立て方が変わるだろう、という人もいます。でもわたしには確信がもてません。ヴァカンスをどこで過ごすか、何時の回の映画を見るか、いつ展覧会を見に行くか、などといったことは、七〇年代にはまだ予定を立てずに決められました。わたしが中等教育の教員だったころは、手帖など持たずにスケジュールを暗記していました。現在では、手帖なしの生活をしていたら、この世界の人間ではないと思われるでしょう。時間は分割され、予定され、ひとつの方向に向けられなければならないのです。昔は時間のゆとりがあったので、不意にやらなければならないことが生じても、仕事の途中に割り込ませることができました。現在では、予定を立てることをいちばん強いられているのは、おそらくもっとも裕福な階級でしょう。予定を立てなくても済む人々は、社会階級の下のほうにいる人々です。そんなわけで、わたしはこれらすべてのことの系譜を描いてみたいと考えたのです。

この著作でもまたあなたは、かつての社会的時間はこんにちのそれとはちがうのだと念を押しながら、時代錯誤がないかどうか点検しています。われわれは歴史家の厳密さに出くわすわけです。けれどもあなたは、社会的時間をこんなふうに考察することがきわめて現代的なアプローチだということをご存じないわけではありません。企業での労働時間短縮の適用や、それにともなう労働のあたらしい編成にかんする最近のアンケートによれば、労働者たちは、労働時間の短縮がほかならぬ通勤時間や育児時間などと関連しているからこそ、よりいっそう評価していることがわかります。

もちろんです。労働時間の短縮は、個人とその集団の時間的な構造の一部を成すものです。

さらに、このレジャーというテーマにおいてあなたは、社会学者に、いわば歴史の管轄に属さないものは何も委ねようとしていないように感じられますが。

多くの社会学者がよい歴史を書きました。しかし時間についての考え方やその使い方の歴史性、宇宙的、典礼的、儀式的、直線的な時間の共存のしかたの歴史性というものは、複雑な対象を形成しています。すでに見たように、十九世紀は時間の世俗化に深くかかわっています。

一般に、レジャーの歴史のなかで最初に引き合いにだされるのは、人民戦線（一九三六年の選挙で勝利をおさめ、発足したブルム内閣は週四〇時間労働、有給休暇などを制定した）、週四〇時間労働、有給休暇にかかわるもので、それに、場合によってポール・ラファルグの『怠惰の権利』が加わり、おまけとしてジャン＝ジャック・ルソーの

▨ 瞑想がつくこともあります。したがって一八五〇年までさかのぼることはめったにありません。

▨ たしかにそうです。しかしわれわれはフランスだけに限るつもりはありませんでした。フランスは、スペインやイタリアとともに、有給休暇のことを真剣に考えるようになったのがもっとも遅かった国です。ですから、遅れをとりもどすために、法律によって一気に認めたんです。しかしこれは人民戦線の計画のなかに記されていた主要な要求ではありませんでした。有給休暇が可決されるに際しては、レオン・ブルムの個人的な行動がたしかに決定的だったんです。ヨーロッパ全体を考えると、イギリスから中央ヨーロッパの諸帝国まで、とても興味深いレジャーの歴史が存在していることに気づきます。感性の歴史の領域ではしばしばそうであるように、イギリス人たちはパイオニアです。十九世紀の半ばから、彼らは労働者や若者たちの自由時間を枠にはめる必要があると痛切に感じるようになりました。これについては、慈善好きの婦人や慈善団体、プロテスタント教会の仲介によって、地域活動を展開しなければならないだろうと考えました。フランスでは、市民大学が十九世紀から二十世紀への変わり目のころに知識人たちの手でつくられました。イギリスでは、余暇のことに専心したのはとくに牧師たちです。一方、歴史家たちの研究、とりわけジャン＝ピエール・シャリーヌ[1]の研究は、十九世紀のブルジョワたちの生活様式のなかで時間のゆとりがどれほど重要なものだったかを強調しています。

▨ それはあなたが、十九世紀のブルジョワたちは「利得のことばかり考えていたわけではなく、それどころか」何よりもまず余暇を得ようとしていたのではないだろうか、とお書きになっていることですね。ブルジョワジーの仲間入りをするということは、自分の時間を自由にできるということでした。ブルジョワジーにたいするこのようなアプローチのしかたというのは、自然にはなかなか思いつかないものです。バルザックの『人間喜劇』やスタンダールの『ある旅行者の回想』は、フランスの社会組織が小さな都市の集まりからできていて、ブルジョワジーはその内部で自分の時間を自由に使うのを好んでいることを明らかにしてくれます。

さまざまな時間をですね。とくに、かならずしも活動休止の時間ではないけれども、労働しない時間をですね。

ええ。労働についての考え方は変化しました。そのため、われわれはこれらのブルジョワたちは何もしていなかったという印象を持ってしまいます。われわれは十九世紀の人々だったら骨の折れるものとは考えなかっただろう一連の活動をすべて「労働」という言葉で呼んでいますから。そもそも、このことはいつもわたしを少しばかり困惑させます。わたしが古文書館や図書館に行くとき、「労働し」に行くという気はしません。閑暇（*otium*）の理想のうちのなんらかのものを持ちつづけているにちがいありません。つまりわたしは、少しまえだったらブルジョワが学者たちの会合にでもでかけたような気分で、古文書館や図書館に行くわけです。わたしはつねに「知的労働者」という観念があまり適切でないと感じてきました。「労働」の定義は「社会的なもの」の定義と同様に変化したんです。慈善行為にたずさわって多くの時間を過ごす北ヨーロッパのご婦人方は、こんにちなら「社会的労働」とでも呼ばれるであろうものを引き受けていました。けれども彼女たちは当然のことながら、労働しているなどとは考えていませんでした。

賃金労働ではなかったということですね。

これらのブルジョワ女性たちはボランティアでした。そもそも、こんにちボランティアが労働しに行くと感じているかどうか知るのは、興味深いことでしょう。労働は、労働についての考え方は、賃金を前提としているのでしょうか。

それは現在フランスに無数にある団体にたずねてみなければならない、こんにち的な問題です。そして、脱賃金化社会という視野に立つならば、徐々に有給職に取って代わっていくはずの「活動」という観念をも参照しなければならない問題です。

要するに、内容の定義、労働についての考え方といったものは、時間の使い方にかんするより全体的な考え方とつよく結びついているわけです。

あなたはまた、労働時間の短縮にかんする現在の議論の中心に位置している問題にも触れています。すなわち商品としての時間、消費としての時間のことです。こんにちでは、観察者のなかには、余暇、自由時間が消費によってしか方向づけられず、はぐくまれえないという、まさにこの点を残念がる人もいます。

時間の空白

アメリカ合衆国では、とても早い時期に娯楽産業が整備されました。これは、労働しない時間を他人にうまく編成してもらいたいという人々の願望に答えたものです。バーナム〔一八一〇～一八九一。アメリカの興行師〕の施設は、十九世紀のまっただなかにあって、つよく人々の心に訴えるモデルをつくりあげました。バーナムはサーカスの生みの親だっただけでなく、「総合レジャー施設」と呼べるものを生み出しました。彼はすでに企業家だったわけです。

両大戦間に、とくに大西洋の向こう側で、消費社会が話題になり始めました。それから、第二次世界大戦の直後、エドガー・モランやジャン・ボードリヤールなど、アメリカ合衆国で勉強をしたり、その影響を受けたりしたフランスの社会学者たちがこの観念を輸入しました。この観念は、時間の空白や退屈の危険性をまえにした個人の不安と交錯するようになります。そうしたものに打ち勝つには活動しなくてはなりません。時間の空白によって吹き込まれた恐怖は、時間を満たしたいという願望をひきおこします。かつては、人々は宗教上の罪にたいする不安から、なんとしても時間を満たさなければならないと思うものでした。退屈は悪魔の家の入り口だと考えられていたからです。その後、人々を活動へと駆り立てるようになったのは、行動と有益性についての道徳です。そしてついに、時間を満たすべしというこの命令は、楽しむことの必要性によって正当化されるようになったんです。自由時間は、楽しまなければ台無しになったと感じられるわけです。このようにして、娯楽の義務と、あたらしいかたちの罪悪感が幅を利かせるようになります。以来、自分のヴァカンスをどう過ごすかが個人を規定するようになります。その人のアイデンティティそのものが問われるわけです。そのことは退屈《アンニュイ》の歴史——形而上学的な倦怠《アンニュイ》ではなく、普通の退屈——へと送り返されるもので、これについてはヴェロニック・ナウム＝グラップがすばらしいページを書いています。退屈はこのようにして歴史の一対象になりました。単数形の余暇《ロワジール》は、おのれの時間を申し分なく埋めてくれるような、個人のある種の教養を想定していました。複数形のレジャー《ロワジール》の場合は、他人——企業家やその商品——にたいして、時間の空白に打ち勝つための諸条件を与えてくれることを期待します。ですから、人々は退屈がどんな機能を持っているのか問うようになります。退屈は、とりわけ子供にとって、有益なものになりうるのでしょうか。

■ 精神科医や道徳家たちは、日曜日の退屈による人々の精神的荒廃を告発しています。十九世紀末と二十世紀前半の知識人たちは、労働者階級が労働時間以外のときに放っておかれることが起こらないようにしたいと考えました。

労働者の余暇が吹き込むこのような恐怖は、アンヌ＝マリー・ティエッスが本のなかで強調したものですが、とても古くからあるものです。イギリスではそれは一八四〇年代から、とくに都会を集団でうろつく若者たちについて感じられるようになりました。人々は彼らにサッカーをやるように勧めました。これがこのスポーツの起源です。スポーツと道徳の結びつきは、ピエール・ド・クーベルタンによって理論化されますが、十九世紀にはいたるところで見られます。慈善事業に打ち込む非常に活動的な婦人であるド・シャンベルジェ夫人は、一九一一年に、梅毒にたいする保健衛生上、および倫理的な予防法学会の会合でこう宣言しました。「わたしには五人の大きな息子がいますが、彼らにスポーツ療法をほどこしています」と。たしかにスポーツは当初、正しく満たされないかもしれない時間の罠にはまるまいとする意志から生まれたものだったんです。

明白なのは、レジャーにかんしては、フランスはほかのヨーロッパ諸国と比べてずいぶん社会的に遅れをとったということです。週休は一九〇五年、一日八時間労働は一九一九年四月……といったぐあいです。あなたは自由時間の要求と労働者の闘争のあいだに照応関係があることをはっきりと示していらっしゃいますが。

フランスでは、左翼は十九世紀初頭の教権的な要求に困惑を感じます。左翼はとても反教権的だったので、自分たちが聖職者に追随するように見えるのがいやでした。主日の安息を義務づけた一八一四年の法律は、聖職者の影響力のしるしとして理解されていました。したがって、十九世紀を通してずっと、週休というのは教権主義的な意味合いがつよく含まれていたんです。反教権的な共和主義者たちの目には、そのことがきわめて乗り越えがたい障害となっていました。これがあなたのおっしゃっている遅れの原因のひとつです。そこには教権派と反教権派のあいだの闘争という、きわめてフランス的なかけひきの一例が見られるんです。一方ミシェル・ペローは、自由時間にたいする欲望は、労働者たちの諸要求の筆頭にはあがってこなかったことをみごとに証明しています。

一九三六年になってもまだ、何もせずに賃金をもらうこと、有給休暇を獲得することは労働者の頭のなかにははいってきていませんでした。

一九〇六年の法律は多くの例外を含んでいたことを忘れないようにしましょう。日曜日にかんするフランス人たちの考え方によれば——このテーマについてはロベール・ベックの本[2]が興味深いものですが——、いくつかの活動はこの日も継続されなければなりませんでした。たとえば農村の住人たちは、日曜の昼に家族で食べるためにケーキを買う習慣がありました。もしもパン屋が閉まってしまえば、この日はイギリス式の日曜日と同じくらい寂しいものになってしまったでしょう。この論拠はしばしば持ち出されました。わたしはよく覚えていますが、ノルマンディーの生け垣《ボカージュ》の地方では、一九四〇年代の末、ミサに参列しにきた農民たちが、日曜日に大挙して町の中心にくりだしたものです。

日曜日は商人がもっとも活動する日でした。市が立つ火曜日よりもです。医者で薬剤師だったわたしの父の家には、患者が引きも切らず訪れたものです。患者が薬をもらいに来るのは日曜日だったんです。

■日曜日はまた、「再=創造《ルクレアシオン》」の日でもありますね。

神は七日目にお休みになった、と創世記には記されています。これは、象徴的に、労働力の再創造にかんするキリスト教的モデルをつくっています。それにたいして、アングロ=サクソンのリクリエーションの概念はもっと楽しみの観念を含んでいます。

大型客船上のメニルミュッシュ

■余暇の文化、とはいわぬまでも、余暇へのこの気遣いは、十九世紀に、一連の、とりわけ女性的なステレオタイプの製品を生み出します。私生活では、多くのあたらしい社会的な使い方がなされるようになりますね。

十九世紀のブルジョワジーでは、そしてヴェブレン〔一八五七〜一九二九。アメリカの社会学者、経済学者〕が「有閑階級」と定義した階級ではなおいっそう、女性は自分の時間が役立たずであることを証明しなければなりません。アンヌ=マルタン・フュジエはそのようなわけで、「無数のつまらないもの」を描写しました。これは、女性たちがつくり、チャリティーバザーで売る品々のことです。じっさいには、女性たちは家を切り盛りしているので、忙しいのですが。家のなかを管理し、女中のスケジュール表を作成し、子供たちの面倒を見、お客の接待をしなければなりません。そしてとりわけ、手紙のやりとりをします。地方の立派なブルジョワ女性は、この活動に少なくとも一日二時間は没頭します。

■この本の一章で、なぜあなたは大型客船にこれほどのスペースを割いているのですか。

なぜかというと、時間の使い方にかんしては、大型客船はひとつの実験室だからです。そこでは有閑階級の構成員たちは、断固として何もしません。したがって彼らは閑暇 (*otium*) から距離をとるわけです。豪華ホテルや豪華列車や大型客船のあいだを漂うだけです。これらの場所では、国際的なひとつの社会がまるまる一堂に会します。仕事やビジネスで大西洋横断航路を利用するまさにその人たちが、一週間というもの活動を停止してしまいます。彼らは、スケジュールを埋めてくれ、のちのヴァカンス・クラブを先取りしたものになる、組織された無為 (*farniente*) の生活を見いだします。このような系譜学的観点から見ると、大型客船というのはとても興味深い研究対象なのです。

■しかし、近づくことのできない実験室ですね。出発の写真には、桟橋から船に見とれている無数の物見高い人々が写っていますが、彼らはけっして船に乗ることはないでしょう。

もちろんです。でも最下等用のスペースに山積みされた移民のことを忘れないようにしましょう。一等船室の乗客にかんしては、一連の儀式があります。それ以前にも以後にも、何千キロにもわたって広大な空っぽの空間を運ぶ必要性が感じられたことはありませんでした。その点では、これは歴史のなかでほんとうに唯一の時期なんです。ドイツ、フランス、あるいはイタリアのとても大型の客船の一等船室のために考案された整備を見てみると、いくつかの部屋の天井の高さに驚きます。この動く空っぽの空間の内部で、有閑階級が気取ってふるまうんです。クルージング用の大型客船をふたたび推進するためにこんにちおこなわれているいくつかの試みも、これら昔のモデルとはとうてい比べものになりません。あたらしい船はヴァカンス・クラブと同じような着想によっています。今世紀初頭の大型客船は、あなたがたったいまおっしゃったように、陸地の人々をうらやましがらせていました。「ノルマンディー号」のように、自分たちの故郷の大使と見なされる船もありました。内部では儀式が入念につくりあげられていましたが、すぐに廃止されました。徐々に有名人たちが家柄——つまり貴族階級——と張り合うようになったんです。スターが艦長のテーブルで、イギリス皇太子や枢機卿とならんで夕食をとるようになりました。このような前代未聞の雑居状態はとても興味深いものです。そのような観点からすれば、モーリス・シュヴァリエ〔一八八八～一九七二。フランスの歌手。「メニルモンタンのマーチ」という歌あり〕のような人物は、一冊の著作が書かれるに値するでしょう。大西洋を横断する代表的な旅行者である、メニルミュッシュ〔パリのメニルモンタン地区の俗称〕の子供は大型客船のうえで模範的でした。

二〇五〇年の歴史家

■ 一八七〇年から一九三〇年代にかけて、人々は疲労を生理的、心理的、知的な現象として考慮するようになり、その正体を突き止め、場合によってはそれを治療しようとしますね。

たしかに、疲労や倦怠が何ものなのか知るためにさまざまな研究がなされます。学者たちは理解しようと努めるんです。けれども彼らは症状の不均衡や多様性、そして病因の不明瞭さに突き当たることになります。いずれにしても、労働にかんする考察において、人々は疲労を考慮するようになり、それによって、活動は合理化されるようになります。第一次世界大戦は、いかに努力を合理化するかということにかんする考察を刺激しました。そして労働者の疲労の弊害について、一連の研究が、とくにイギリスでおこなわれるようになります。

■ このような産業社会での疲労は、人種の退化にかかわる一連の不安のなかに位置づけられますから。

その通りです。産業社会での疲労にたいする関心は、こうした不安によってますます強まります。十九世紀末は退化にとりつかれていますから。

■ それはまた、エチエンヌ・ジュール・マレーによってなされた運動の研究とも重なりますね。

ええ。運動の記録と分析のおかげで、こうしたことすべてが以前より少しよくわかるようになってきます。

■労働時間の短縮にかかわる議論を、あなたはこんにちどのように感じていらっしゃいますか。

労働時間がますます減ってきているのは明らかです。にもかかわらず、アラン・フィンケルクロートの表現を借りるなら「忙しがっている人」は残っています。つまり、会社の幹部や医学部の教授など、一日一〇時間も働く人たちです。現在の状況では、一〇年か一五年まえに生まれた人は、一生のうちで、労働よりもテレビのまえで過ごす時間のほうが長いだろうということができます。しかし、労働時間の短縮は現在、失業のせいできわめて注目を集めるテーマになっています。考察はゆがめられてしまっているわけです。

■このような社会問題にかんして、未来の歴史家は、たとえば二〇五〇年頃、転換が起こった時期として一九九〇年代にねらいをつけるとお考えですか。

未来の歴史家の仕事はとても複雑でしょう。彼はたとえば「もぐりの」労働が増えなかったかどうか、考えてみなければなりません。チャップリンが『モダンタイムズ』のなかで描いた階級とはちがう階級の過剰活動に驚くでしょう。労働市場に参入し、定職に就きたいと願っている若い技術者たちは、いかなる労働時間の短縮も要求できないでしょう。二〇五〇年の歴史家は、多くの労働者たちがいうなれば保護されているのに、その一方で、いくつもの階層の人たちがこのように相対的な過剰活動に陥っているという事実に驚くでしょう。もし彼が優れた歴史家ならば、いちじるしい不均衡を突き止めたくなるはずです。その点からすれば、彼は古文書の中で見つけられるもろもろの権利要求に目を奪われてはなりません。いちばん長く働く人が、もっとも声高に権利要求するとはかぎらないからです。彼はわれわれと同様、原資料がもつ効果に用心しなければならないのです。

いかにしてパリジャンになるか

レジャーの歴史にかんするこの著作は、地方の時間を再生させようという気遣いをあらわしています。十九世紀の人々の心のなかに「地方」はどのようにして生まれたのでしょうか。

まず第一に、農村（campagne）と地方（province）を混同してはなりません。農村は地方をはぐくんでいますが、想像上の地方は農村ではありません。農村の表象自体も、十七世紀に入念につくりあげられたふたつの文学的伝統にしたがって構築されたものです。ひとつ目の伝統は「暗い」イメージを伝えるもので、それによれば、農民というのは獣性に近い不気味な乱暴者ということになります。このような表象は、ラ・ブリュイエール、エミール・ゾラ（『大地』）、ジョリス＝カルル・ユイスマンス（『停泊』）に読みとることができます。こんにちでもまだ、ある種のルポルタージュやテレビ映画のなかにこの種の表象を見つけだすことができます。もうひとつの修辞上の伝統は田園恋愛詩の影響を受けたもので、十八世紀末の都市病理学〔レチフ・ド・ラ・ブルトンヌ〕、田園小説〔ジョルジュ・サンド――彼女の小説のいくつかは、農村をあまり好意的に描いてはいませんが〕、十九世紀の農本主義〔ルネ・バザン〕、田園礼賛思想のしみこんだ二十世紀の現実離れした村、そして現代では自然を理想化するエコロジーなどによって、ふたたび活性化されたものです。

地方のほうは、いくつもの小都市からなる想像上の空間です。この形象は十七世紀の半ばに入念に築かれました。アンリ四世の取り巻きであるガスコーニュ人〔普通名詞で「ほらふき」の意あり〕や、宮廷にも都市にも属さない人たち（『才女気取り』）が大量に登場して笑いを誘います。モリエールが、プルソニャック氏〔同題の喜劇の主人公〕をどう扱っているか見てください。地方というのは、そこに送られた者たちにとっては不運であり、流刑です。というのも、そこには王がいませんから。そこではカビが生えることしかできないも同然です。このようなものが十七世紀に念入りにつくられた全体像です。十八世紀になっても、それに異議は唱えられません。農村や保養地は称揚されますが、地方は想像上の場所にとどまり、地理的な場所ではありません。その点にかんして、単数形であらわされた地方〔首都にたいする地方〕と複数形であらわされた地方〔個々の地方、とくにアンシャンレジーム下での州〕を混同してはなりません。十九世紀初頭には、ブルターニュやノルマンディーのような地方のイメージの捏造と、地方についての観念の深化が同時におこなわれた、ということを指摘しておくのは興味深いことです。ピカールがあれほど笑いものにしたカルパントラ〔南仏、アヴィニョン北東〕、カンペール＝コランタン〔ブルターニュ地方〕、ブリヴ＝ラ＝ガイヤルド〔リムーザン地方〕、ランデルノー〔ブルターニュ地方〕などは滑稽な場所です。

地方は一八二五年から一八五〇年のあいだに文学的な一大テーマになります。先ほど触れた伝統的なイメージはまずスタンダールによって、ついでバルザックによってふくらまされます。前者の小説のなかにはすべてのものが卑小なグルノーブルにたいする憎悪、したがって地方にたいする憎悪が見いだせます。けれども同時に、スタンダールのなかには郷愁《ノスタルジー》も透けて見えます。バルザックの作品にあっては、些細なこと、微少なこと、儀礼、辛辣な諍いが地方を特徴づけています。しかし、彼にとってトゥーレーヌ地方は幸福のイメージをかたちづくっています。といっても、トゥーレーヌが彼の目に地方として映っているのかどうか、調べてみる必要があるでしょう。結局のところ、スタンダールとバルザックは伝統的な価値にたいしてはある種の敬意を払いつづけています。そのため、状況はかなり両義的です。

地方は首都の反映ではないでしょうか。スタンダールの『リュシアン・ルーヴェン』では、王政主義者の医者や、さまざまな性格と信条をもった共和主義者たち、ド・シャステレール夫人の気取りなどが見られます。

スタンダールの作品においては、バルザックの『人間喜劇』から読みとれるものとはちがって、パリと地方はたがいに対峙する二項をつくるだけではありません。それらはまた、イタリア性とも対決させられています。そのとき、パリ／地方という対立は、著者がフランスとイタリアのあいだに築く対比によって乗り越えられてしまいます。パリジャンと地方人の対立は、フランスの社会的想像力にきわめて深く影響を与えています。そのうえ、地方がフィクションのなかで価値をおとしめられるようになるのは、普通選挙が必要だと考えられるようになってからです。それでも、スタンダールとバルザックは、先ほども述べたように、地方になんらかの美点を認めていました。それにたいして、フロベールによる地方は残酷な筆致でしか描かれません。アンヌ＝マリー・ティエッスが研究した地方趣味、農本主義、田園礼賛思想がある種の伝統とふたたび結びつくのは、ずっとあとのことです。けれども、根本的には事態はほとんどかわりません。フランソワ・モーリアック〔一八八五～一九七〇。カトリック作家〕が地方について書くのは、昔のステレオタイプの目録です。

■ 地方という、このいささか不明瞭な実体は、こんにち、地域圏（région）に席を譲るためにぼかされているとはお思いになりませんか。

こんにち、昔の地方への帰属意識と異なる地方圏にたいする意識などあるでしょうか。そうは思いませんが。

■ あなたはまた、パリと地方のほとんど性的なまでの区分にも触れていらっしゃいますね。

ニコル・モゼ(3)がそのことをおおいに強調しました。たがいを食い尽くすゲームが問題になっているんです。パリは人々の能力や才能、財産などを吸い込みます。しかし地方に定住したパリジャンもそこで地獄を知りかねません。地方は言葉の誘惑にさらされています『名うてのゴディサール』、『田舎ミューズ』〔ともにバルザックの小説〕。小説のなかでは、パリに誘惑されるのを期待する地方の女性が描かれています。さらに、地方は母性的ですから、女性的です。地方人がパリに居を構えると、彼らはパリジャンに変身しなければなりません。首都の規範やテンポを自分のものにしなければならないのです。それに成功すればパリの征服は可能です（ラスティニャックの場合）。変身に失敗することもあります。ヴィクチュルニアン・デグリニョン（『骨董室』）という人物を考えてみてください。もっと明瞭な失敗は自殺に導きます。それがリュシアン・ド・リュバンプレ（『幻滅』）の悲劇的な運命です。バルザックが描くトゥーレーヌ地方のイメージでは、地方は母親の胎内にも似た避難所をあらわしているので、このことがいっそうよく理解できます。母親と姉妹は地方人にとどまるのです。

8 もっとも内面的＝親密《アンチーム》なもの——『私生活の歴史』『時間・欲望・恐怖』

十九世紀と日記　ファーストネームとアイデンティティ
兵士の落書き　態度の演劇化　録音　写真をどうするか？
カラン・ダッシュとドレフュス事件
勲章を受けることは英雄として扱われること　人相書きと詐称
あたらしい水入らずの空間　女性の規範　十九世紀末の苦悩
私生活の痕跡　告白の方法にたいする欲求
十九世紀における暴力化

『私生活の歴史』[1]の四巻目に載ったあなたの長い論考は、一九八三年に執筆されて、一九八七年に出版された、「舞台裏」と題されたものですが、その導入部でミシェル・ペロー（この巻の監修者）はスタンダールの一文を引用しています。あなたに即興的に注釈していただきたいのですが、それは「世論は自由をもたらしてくれるが、世論が支配する世の中の不都合な点は、それが気にかけていない私生活にまでも首を突っ込んでしまうことだ」という一文です。こんにちの報道にかんして、このような考え方をどうお感じになりますか。

報道にかんする倫理はわたしの守備範囲ではありません。公人だからといって私生活を調査する権利がわれわれにはあるでしょうか。してもよいのだと主張する人はいますが。この議論はわたしにはうわべだけのもののように思えます。何らかの責任を負わされている以上、公人でない人などいるでしょうか。このことは、少なくともフランスでは、スタンダールからこんにちにいたるまで、私生活を暴くことへのためらいと、したがって秘密を保護したいという願望が残っていることを示しています。このような気遣いはフランスの家庭では伝統になっています。十九世紀の農民もブルジョワも、できるかぎり秘密を守ろうとしました。それは財産という金融資本、家系という生物学的資本、あるいは「名誉という資本」すなわち象徴的な資本を守るためです。けれども同時に、家庭の秘密を突き止めたいという強い欲望も表面化していました。先ほどスタンダールを引用しましたが、バルザックを取りあげることもできます。『人間喜劇』には、地方の本質をなしているこの透明性と不透明性の戯れが見いだされます。そこでは、みんなが知り合いなのですべてが知れてしまうんですが、それでもひとりひとりは不透明性を保とうと全力を尽くしています。

あなたの論考によれば、個人のアイデンティティとアイデンティティにたいする人々の意識は十九世紀にあらわれ、広がっていきます。この大規模な広がりについて、もう一度お話しくださいますか。

ミシェル・ペローはこの本の計画を練っていたときに、ほんとうの意味で編集者の力を発揮しましたが、その彼女がわたしに、私的なもののうちでもっとも私的なもの、すなわち内面的なものを任せました。そのためわたしは、自分自身と向き合う個人にテーマを限定しなければならなかったんです。

よく、主体の形成は十九世紀の前半におこなわれた、と主張されます。このようにあらたに内面的な存在に焦点が当てられるようになったことはたしかに、日記をつける習慣が普及したことによって示されます。日記は、当時はつけている本人に出版の意志がなかったので、まだ文学の一ジャンルにはなっていませんでしたが。一方で、世紀病〔十九世紀ロマン主義時代の青年の憂鬱病〕を考えてみてください。この点できわめて特徴的なメーヌ・ド・ビラン〔一七六六〜一八二四。哲学者〕のような人が、「自己」のちりぢりになった要素をとり集めるべく努力するあいだに出会ったさまざまな困難を考えてみてください。ロマン主義的な悲歌《エレジー》の成功を考えてみてください。政治の領域では、普通選挙の要求を考えてみてください。黎明期の精神医学が主体に向けた注意や、ジェランドー〔一七七二〜一八四二。哲学者〕のような人によって企てられた大がかりな人類学的探究を考えてみてください。こうしたことすべて、そしてその他もろもろのことは、少しまえにミシェル・フーコーが強調したことですが、人間科学が形成され、自己探究が深化したことを示しています。これはまぎれもなく、主体にかんする省察の重要な一時期なのです。とはいえ、革新の徹底ぶりを誇張しないほうがよいでしょう。十七世紀の信仰日記を読み、この時代の著者たちによる「自己」分析の鋭さを考えると、内省の面で、そして同時に主体自身による主体の意識の面で重要な時期は——もちろんある種の階層での話ですが——十七世紀ではなかったか、とかつてジャン・ボリーが述べていました。それに加えて、啓蒙の世紀は人間学が活発だったことも忘れないようにしましょう。要するに、あたらしい人間科学の成立時期を見きわめる際、十九世紀前半にあまり多くを帰さないようにしなければならないのです。

ウジェニー・ド・ゲランの小さな虫

明らかなのは、告白のある種の非宗教化で、日記はたしかにその証拠になっています。以後、日記は告白と並行し、さらにはそれに取って代わるのではないでしょうか。

日記は相次いでいろいろな形態をとりました。精神的な探究、瞑想の同伴、その後、非宗教化しました。十九世紀には、日記は死にたいする闘いになります。それは、失われた時を積み重ね、その喪失をくい止めようとする意志、昼間感じたことを、毎晩取り戻したいという、自慰にも似た激しい欲望をあらわしています。もっとも興味深い日記は十九世紀前半のものです。内面に取り憑かれていて、そのまえの幾世紀かの理性的な書物とは異なるんです。アミエル〔一八二一〜一八八一。スイスの作家〕はもちろんですが、メーヌ・ド・ビランのことも思い浮かびます。文学的な意図が入り込んだときから、誠実さに影響が出てきます。ゴンクール兄弟がその何よりの証拠です。日記が「些細なこと」のどの水準まで降りていくことができたか、想像しがたいものがあります。たとえばウジェニー・ド・ゲランはすべてを、本のページのうえを走る紙魚《しみ》にいたるまで書き留めています。この時代は細部、無限の細部に魅了されていました。十九世紀に改宗した偉大な女性たちの日記は、信仰の方向性を反映しています。つまり、聖性と救済にいたる道を魂がどのように前進していったかを記録しています。非宗教化されるようになったのは、日記の目的が自己を振り返ることになったときからです。イギリスの養生日誌はその点、たいへん興味深いものです。病弱な人々がそこに自分たちの日常生活のすべてと治癒の進捗状況を書き留めていますから。

自意識はある種の社会的な序列化にそって広がっていきます。したがって、たとえばファーストネームの選び方についても、都市から農村へ、ブルジョワジーから庶民へと垂直に下降していくのが観察されます。

モードや規範が垂直方向に伝播していくのは議論の余地のないところです。ただし、多くの場合、それらは再編されています。受容というのはすべて、受容する階級による再編をともなうものです。ファーストネームの種類、それらの歴史性は、むずかしい対象です。とりわけわたしの関心を引いたのは、農村で、ある個人が、家族や親類縁者への従属を超えて自分自身の人格にたいするとても強い意識を獲得することができたのはいつなのか知ることでした。ファーストネーム、より正確には名前の呼び方は、その点、示唆的です。ある地方では――リムーザン地方がそうですが――、妻の家にはいった若者は妻の苗字で名指されるものでした。そのことはアイデンティティの急激な変化、もしくは少なくとも修正になります。パリに働きに行ったリムーザン地方の人たちは、パリの誘惑に抵抗しました。彼らは家族の借金を返済し、土地という世襲財産を守るために貯金したかったからです。このことは、個人的な快楽への誘惑よりも、集団への帰属意識のほうが強かったことを証明しています。

名前の呼び方は、こうしたことすべてのよい証拠になっているんです。フィリップ・アリエスは死者崇拝について博識をもって語りました。しかし、十九世紀の最初の三分の一の時期の農村では、一般の人々の墓石には名前を刻みませんでした。個人は、集団への帰属を超えて、自分が何者だと感じていたのでしょうか。わたしはこの問いを、ルイ＝フランソワ・ピナゴにかんして考えてみました。けれども、この木靴職人が、自分が組み込まれているすべての社会組織と無関係に、強い自意識をもっていたと証明するものは何もありません。

あなたはジャン＝クロード・ポルトンの研究[2]を引用していらっしゃいますね。その研究は、王政復古以降、フォンテーヌブローの森のなかで、岩や木に「個人的な目的で」印をつける習慣が広がっていくことを示しています。これは感動的で、同時に悲しい細部ではないでしょうか。樹皮や花崗岩に刻む痕跡以外に何も残すものがないという不安をあらわしているのですから。

落書きはすでに研究されています。とくに、よく保存されていることが多い兵舎で。兵士や囚人たちは、投獄、あるいはむしろ入営のつらさや、家族との完全な断絶をあらわす落書きをしたいという誘惑に駆られました。兵舎の世界に同化されるまでのあいだ、若い新兵たちは根無し草となって、強い郷愁を感じ、それが「自己」への意識を刺激したにちがいないのです。そのことは、「僕は某という名で、第三連隊の兵士だ」などという、個人的な落書きが多い理由を説明してくれます。しかし、このような自意識を探究することは、非常に移ろいやすい痕跡を突き止めることでもあります。ジャン

＝クロード・ポルトンの博士論文は、フォンテーヌブローの森がどのようにして観光空間に変貌していったかを明らかにし、また、樹皮に自分の名前を刻みつけたいという欲求が芽生えた時期を特定したものでしたが、じっさいわたしは彼のこの博士論文のなかに、いまお話ししたような考えを見つけました。

■こんにちの落書きとは何か関係があるのでしょうか。

それはわかりません。パリの通りで現在「落書き《タグ》」が広がっているのはおそらく、空間の美化のねらいにたいする反発でしょう。それは明らかに挑戦、さらには苦悩を表明しています。けれどもそれはまた、自己の何か、排泄物的なものと無関係ではない何かを残したいという意志も表現しているのではないか、と少なくともわたしには思われます。わたしはこれらの壁の落書きのなかに、多くのファーストネームと、アイデンティティを示すサインを見つけました。

氷のなかの声

■十九世紀にはまた、名刺、家庭内の鏡、ペンダント、ロケット、家族の写真などが使われるようになります。そしてこれらのものは、とくに十九世紀半ばから急速に普及した写真の影響下で、あなたが「態度の演劇化」と呼ぶものを生みだすことになります。気取り《ポーズ》の時代なのでしょうか。

もし、いま『私生活の歴史』のこの論考を書くなら、わたしは本質的だと思われるあることをつけ加えたでしょう。録音の誕生です。それはたしかに、あなたが触れている領域において、写真よりさらにいっそう大きな変化を生み出しました。写真は自己の気取った肖像を可能にしてくれました。けれどもこの気取りはほとんど、描かれた肖像における気取りの置き換えにすぎませんでした。それにたいして録音は、消え去った声や自分自身の過去の声をふたたび聞くことを可能にし、ある瞬間を正確に、力強く再現してくれます。そのことを考えれば、録音は写真より重要な革命を引き起こしたことになります。ラブレー〔一四九四頃〜一五五三。ルネサンスを代表するユマニスト〕は、氷が溶けてからあらためて聞けるように、声を氷のなかに保存しておくことの可能性について話しました。これは人類の歴史のなかでとても古くからある欲望に答えるものであり、歴史家たちがなぜもっと強調しないのか不思議です。自分の声をふたたび聞くこと、死者の声を聞くことができるということ、それらの声を増幅し、まとまりごとに切り離し、組み立てて、いうなればそれらと戯れること、このようなことはみな、自己や他者にたいする意識のしかたを変えます。

ノーベル物理学賞のジル・ド・ジェンヌはあるとき、こんな仮説についてよく考えてみてもよいのだと話したことがあります。その仮説とは、われわれはたとえば陶器の土や粘土のような物質の解読システムを開発することができ、そうすれば製造過程で閉じこめられた周囲の音をふたたび聞くことが可能になるのだ、というものです。

そんなことができたらたしかにとても面白いでしょう。録音の誕生と、そのことが時間意識にあたえた影響にかんする著作というのはほんのわずかしかありません。写真もあたらしい時間性を生み出しましたが、それは連続性（*continuum*）のなかに組み込まれていました。

その点に関連して、あなたもそうですが歴史家は、図版や写真にはどのように取り組むものなのでしょうか。写真のどんな種類の細部があなたに強い印象をあたえますか。あなたに警告を発するようなもの、文献を調べていたのでは思いもよらなかったことをあなたに示唆してくれるようなものはありますか。写真を見ていて特別に心を動かされたことはありますか。

その点についていては、わたしは本能的に警戒心が強くなっています。記号学の専門家ではありませんから。わたし自身写真家ではないので、写真をまえにすると、いわばおどおどしてしまいます。図版については、クロード・ラングロワやジャック・ルヴェルのような人たちが、演出や遅延、凝縮などの効果にたいしてはありとあらゆる用心をしなければならない、と主張しているのを思い出します。わたしは自分の本のなかに写真を使ったことがありません。写真という資料は、話のたんなる挿し絵としてあつかってはならないものです。歴史家たちがおおいに非難されるのは、たいていの場合、図示された資料をたんなる挿し絵として挿入していることです。これらの原資料は正確な分析対象にならなければいけません。それらを利用するには特別な能力が必要です。十九世紀をあつかう歴史家たちはまだ、自分たちの著作のなかで満足のいくやりかたで映像をあつかう方法を見つけていないんです。多くの若い研究者たちが現在、これらの資料体《コーパス》の分析や利用のしかたについて熟考を重ねています。アルレット・ファルジュの最近の本(3)はこの熟考にたいへん貢献しています。心を動かされるかどうかということについては、もちろん、ある種の写真を見れば心を動かされることがあります。けれども、歴史研究の過程でそれをもちいるのは容易ではないんです。そのためには、誰が、いつ、どんな理由で、どんな機材をもちいてその写真を撮ったのか、出資者や受け手は誰だったのか、などといった周囲の状況をよく承知していなければなりませんから。

こだわるようですが、歴史家たちはこのきわめて重要な原資料を、彼らが現在じっさいにやっている以上に自分たちのものにすることはできないということでしょうか。この原資料はおそらく歴史家たちに少々忘れられ、そのために記号学者やロラン・バルトのライヴァルと称する人たちに独り占めされているわけですが。

繰り返しになりますが、写真の歴史家は存在します。アンドレ・ルイエ(4)などがそうです。けれどもそのほかの人たちは、他の原資料とくらべて特異な資料として、写真を——挿絵や風刺画にしても同様ですが——、全体の枠のなかに取り込むことには成功しませんでした。その点では、ドレフュス事件があきれるばかりの例を示してくれます。飽きもせずにカラン・ダッシュ〔一八五九〜一九〇九。挿絵画家〕の「彼らはそれについて語った」という挿絵が紹介されるのですから。ところが、わたしの記憶が正しければ、この挿絵が出たときは、ほとんど知られることもなく、即座の反響はとても小さなものでした。その後、私的な空間で起こったことについてのひとつのイメージ——おそらくは偽りのものですが——を押しつける目的で、道具として使われるようになったんです。そのときこの挿絵は、なんの用心もされずにドレフュス事件の一種の底本の仲間入りをしました。そのためこんにちでは、この問題をあつかった本の読者は、家族という家族がみな「事件」によって引き裂かれてしまったと想像してしまうわけです。この挿絵は概論書のなかで説明の役割を果たし、歴史家たちは疑わしいやり方でそれを使い続けているんです。

決闘するジョスパン

■あなたがお使いになっている「英雄化」の観念について説明してくださいますか。

より正確には、自己の英雄化です。勲章にたいする欲求は十九世紀のエリートたちのあいだではとても強いものでした。当時のブルジョワの目には、このような形態の卓越《ディスタンクシオン》化は家系の栄誉と映りました。勲章は家系に象徴的な深みをあたえてくれたんです。それは名祖《なおや》を生み出す方法でした。一族は勲章によってふたたび活性化することができました。請願はきわめて数多くありました。それにかんしては、国立古文書館のF90という一連の史料を調べると、とても面白いでしょう。十九世紀のブルジョワたちがお金のことしか考えていなかった、自分たちの世襲財産を増やすことしか考えていなかった、と想像するなら、この時代についてあやまった読解をおこなうことになります。この時代のあらゆる階層を理解しようとするのであれば、名誉は考慮すべき重要な要素です。名誉にかかわる問題では、決闘も辞さないのですから。首相のフロケ〔一八二八～一八九六。政治家。一八八八年、首相を務める〕を元陸軍大臣のブーランジエ〔一八三七～一八九一。将軍、政治家。一八八六年、陸軍大臣となり、軍政改革や対独強硬策で人気を集め、第三共和制不満分子の指導者となる〕と対立させた名誉のことを考えてみてください。リオネル・ジョスパンのような人が、元大臣と剣を交える光景が引き起こすであろう反応を想像してみてください。このような故意の時代錯誤をおかすことによって、感性がいかに急速に変化してきたかを推しはかることができます。

■それに、『ボヴァリー夫人』の最後の文は、オメー氏にかんする「彼は最近、名誉ある勲章〔レジオン・ドヌール勲章のこと〕をもらった」という文ですね。

わたしが調査した娼家にかんする警察の報告書のなかに、これこれの家は「勲章をつけた殿方」が通っているのできちんとしている、というような記述を読んだことがあります。勲章を佩用《はいよう》することは、自己の演出、写真用のポーズなどとよく調和しました。これらの人々は大いに威厳のある外観を好んだんです。

■このような気遣いは、むしろ第三共和制とともに広がっていきませんか。

たぶんそうです。けれども、第二帝政期にも、七月王政下でも、人々はポーズをとります。写真が普及したことによって、このような態度が強調されるようになったんです。わたしたちが開催したバリケードにかんするシンポジウム(5)では、大きなバリケードのうえでポーズをとりたがるコミューン〔一八七一年の革命的自治政権〕の将校にかかわる発表がひとつありました。このような自己顕示欲は労働者たちのあいだにも広まります。一九五九年にリモージュの県史料館でわたしが調べた最初の束は、一九〇五年に、労働者たちの好意につけ込んだと非難された職工長たちにたいしておこなわれたストライキにかんするものでした(6)。ところが、このストライキの一連の写真を見ると、あとになってから復元された、演劇化されたバリケードに気づくんです。

第三共和制の初期から、個人は、見破ることができ、目印をつけて分類することのできる存在になります。警察は写真や、一八八二年にアルフォンス・ベルチヨンが考案した人体計測法による人相書きなど、あたらしい道具を備えるようになるからです。このことも重要な一段階になりませんか。

十九世紀の最初の三分の二の時期には、見知らぬ人を確実に識別することは不可能でした。識別は身体的特徴だけに基づいていました。ノルマンディーの生け垣《ボカージュ》の地方の出身で、アイデンティティを変えたいと願っているひとりの人間を想像してみましょう。彼はパリに行き、年齢や身長が同じくらいで、目や髪の色が同じで、その地方を離れたことがたしかな青年のアイデンティティを横取りするのです。たとえこの男が犯罪を犯して警官につかまったとしても、彼を識別するために警官にできることは、男の故郷の町役場に彼の身体的特徴の描写とともに手紙を書くことだけです。町役場は出生届を調べ、隣人に尋問してから、この偽りのアイデンティティを裏づけることしかできないでしょう。当の詐欺師にとってのたったひとつの危険は、パリで同郷人に見分けられてしまうことですが、そんなことはほとんどありえないことです。

ですから、識別と、アイデンティティの詐取が小説の大きなテーマのひとつになっていたことがわかります。ユゴーのジャン・ヴァルジャン、バルザックのヴォートランやシャベール大佐、デュマのモンテ＝クリスト伯がそのことをはっきりと例証してくれます。身分証明書が制度化される以前は、ガストン・ルルーによるラルサン、モーリス・ルブランによるアルセーヌ・リュパン、アランとスヴェストルの伝説におけるファントマといった人物たちが、今度は彼らなりのやりかたで、識別という中心的な問題を示します。しかしながら、警察署の写真を用いた犯罪記録簿、ベルチヨンによって考案された骨格による測定法がたしかな進歩を成し遂げていました。とはいえ、識別方法が完全に一変するまでには、指紋の利用を待たねばなりませんでした。この歴史は何よりもまず、アイデンティティと自意識の歴史にかかわっていることがわかります。十九世紀初頭はアイデンティティを詐取していましたが、世紀末になると人々は身分を秘匿することに抵抗しがたい魅力を感じるようになります。ドミニック・カリファがおこなっているような探偵小説の歴史は、識別方法の歴史と並行するわけです。

身体の被い

■十九世紀を通じて、浴室や小部屋のような私的な空間も浮かび上がってきますね。

親密な空間のことですね。個室の普及は、私生活のなかで身体の緊張がゆるめられるようになっていった過程から生じたものです。それはまず最初、昼間と夜間のある時間帯、召使いが追い出されるようになったことにあらわれます。そのために、アンヌ・マルタン＝フュジエが研究した例のオスマン式の「七階」〔集合住宅の最上階で、女中部屋が置かれていた〕がつくられるようになりました。家族はそのうえ、応接の空間と親密な空間を分けるようになりました。トゥーレーヌ地方の農家でも親密さへの願望は見て取れます。それはカーテンが増えたり、くぼみをつくるように家具を配置し直したりしていることにあらわれています。(7) このようなあたらしい欲求は、個人についての意識が向上したことをあらわしています。かつてわたしはビュエ＝アン＝サンセロワにかんする博士論文(8)を指導したことがあります。著者のマリー＝ジョゼ・ムリ＝ガルニッシュは六四時間におよぶ音声史料を集めながら、一九〇〇年を知っているすべての女性たちにインタヴューしました。彼女はそれらの女性たちに、水入らずの時間や両親の性的な関係などについてたずねました。年輩の女性たちのなかには興味深い詳細を語ってくれた人もいます。とくに、見ることを遠慮するようになったおかげで、他人の私生活を尊重するようになったと話してくれた人もいました。

隠された身体や下着のエロス化も起こりますね。身体とその禁忌にかんする一連のレトリックが確立したわけですね。

すると人々は、欲望をかきたてるために、身体のかたちを強調しつつ、それを隠すようになります。流行が複雑化し、身体を被うものが多様でつぎつぎと変化していったことによって、また、男性のためにあらゆる洗練がなされたことによって、外観をこしらえるための入念な作業が働きかける相手である男性の性欲のあり方が明らかになります。

『時間・欲望・恐怖』のなかで発表された、下着にかんする論考において、あなたはパリと地方都市のあいだのずれ、宣伝の効果、通信販売の役割などを考慮しなければならないと説明していらっしゃいます。下着にかんしては、われわれは技術の歴史、民族学、そして――最近出版されたいくつかの研究のことを思い浮かべているのですが――社会学が交差するところにいますね。

下着の機能を考察する作業は尽きることがありません。ジャン＝クロード・コフマン(9)の著作を考えてみてください。十九世紀には下着は男性の性欲のあり方を反映していました。この時代には、小説も図版も同じ心的構造を示しています。『ナナ』〔ゾラ作、一八八〇年刊〕の冒頭において、ヴァリエテ座で、男たちがかなり不作法に繰り広げている女性談義を思い出してみてください。女は太りじしで味わい豊かなのがいい、と言っています。こんにちでは、もしもある種のモード写真を信じるならば、男性の欲望は変化して、男性は非常にやせた娘を好むようになったと結論することができるでしょう。けれども、世論調査の結果を読むと、じっさいはそうでもないことがわかります。したがって、見るべくあたえられるものと、感じられるもののあいだには、ねじれがあるようです。

このような明白な矛盾を克服するには、流行の立案者、これらのイメージを生み出すことができる人たちの役割を考えてみるべきでしょう。彼らの関心はなんでしょう。彼らはほんとうに男性の性欲のあり方を再現したいのでしょうか。それはたしかではありません。おそらく、来るべき老いと闘おうとする意志があるのでしょう。こんにちでは、提示された規範と現実の衝動のあいだのずれは明らかです。繰り返しになりますが、十九世紀はそうではありませんでした。当時は造形芸術、ヌード写真、小説のあいだには完全な一致があったんです。

下着の研究は、ほかにもいろいろと教えてくれます。国勢調査の役人がリンネル類の財産目録をつくるだろう、という噂が一八四一年に引き起こした動揺にかんするフランソワ・プルーとジャン＝クロード・カロンの研究のことはすでにお話ししました〔第五章参照〕。人々はこれらの人間が簞笥のなかに鼻をつっこみにやってくることを望んでいませんでした。当時は下着というのは、貴重な情報媒体でしたから。洗濯場で、女性たちは自分たちが洗っている下着の持ち主の私生活にかんする情報をやり取りしていたんです。お城の召使いたちはこのようにして、ご主人たちの下着に隠されている秘密を暴露して仲間を楽しませることができました。

喪に服す性

たぶん日記の問題に立ち戻らなければならないのですが、そのもうひとつの面は、日記をつける人が増えたこの時代が、消失の不安もあらわしているということです。あなたはドラクロワの美しい文を引用していらっしゃいます。「わたしが感じるものの歴史を保存することによって、わたしは二重の生活をするのだ。過去がわたしのところに戻ってくるだろう。未来はつねにそこにある。」という文です。すぐ目につくのは、この不安、生きることにたいする恐怖、この苦悩、肉体と魂の空虚感、消失せざるをえないものを是が非でも書き留めておこうとする、十九世紀の人々が抱いていた意志です。ある種の退廃《デカダンス》、憂鬱《スプリーン》、アルコール中毒、アブサン（ニガヨモギで香りをつけた緑色の有毒な酒）のいたずら、「緑色の殺意ある妖精（アブサンのこと）」が、のちにベルエポックと呼ばれるようになる時代の基盤をも崩していきます。フェリシアン・ロップスは、性的不能への恐れをかき立てると同じほどに欲望をも抱かせる、退廃した性悪女たちのことを描いています。この苦悩の原因はどこにあるとお思いになりますか。科学の進歩と産業化の複合的な影響によるものでしょうか。生活時間が加速したせいでしょうか。あなたが「男性の恐怖」と名づけたもの、あるいはボードレールが語っている「喪に服す性」によるのでしょうか。

集合的な不安や苦悩のあり方を見抜くのは、とてもむずかしいことです。というのも歴史家は自分自身が感じたであろう事柄を大げさに考えがちだからです。わたしは生物学的な不安は決定的だと思います。カンギレーム〔一九〇四〜。哲学者、認識論的な科学史を発展させる〕がそのことを示しました。十九世紀の最初の三分の二の時代にかなり拡散した不安は、その後三つの大きな災いに集約されていきます。すなわち結核、アルコール中毒、性病の危険はとても恐れられるのです。そこに、発展から取り残された人々のうえにのしかかる——と思われていた——退化の不安やもろもろの脅威が加わります。こうしたことはすべて、女性の内面的な堕落の印象をともなうもので、すでに見たように、堅気な女性と娼婦の姿が混乱する危険もあります。背景にあるものとして、ドイツとの戦争や「黄禍」の恐怖をつけ加えるなら、陽気な時代だったにもかかわらず、不安を感じる理由はあったわけです。退化と退行の幻想がルーゴン＝マッカール叢書〔ゾラの代表作、全二〇巻〕や、ユイスマンス、ジャン・ロランの小説を構造化しています。「性病の危険」が引き起こす恐怖は、モーパッサンの作品のなかに透けて見えます。イプセンとブリユーは舞台にそれを据えました。

魂と夢想。どうすればわれわれは、それらがあるひとつの世紀に繰り広げられると断言できるのでしょうか。王政復古下のラマルチーヌのように、ロマン主義者たちは想像力を刷新し、調査のための手がかりをたくさん残してくれます。われわれは、一八五〇年から一八七〇年までのあいだにロマン主義の作家たちから引き出した、エロチックだったり政治的だったりする夢の一大リストを所有しています。けれども、もしこういってよければ、ここには文学的な文献の蓄積しかありません。証拠や原資料にかんして一種の支配傾向がないでしょうか。そしてわれわれは、ミシュレが歴史について書いたように、結局のところ、貧者、あるいは少なくとももものを書かない人間は、夢をもたないのだと考えてしまわない

■ でしょうか。

『私生活の歴史』にたいして表明された批判はたしかに、問題となっている歴史がエリートにしか関わっていない、というものでした。よく考えてみると、この批判はばかげています。というのも、痕跡を残さなかった人たちの私生活の歴史を書くのは、残念ながら無理だからです。このことについてはもう少し先で考えることにしましょう。オルヌ県の木靴職人であるルイ＝フランソワ・ピナゴにかんする本の目的はまさしく、情動、感情、情熱の歴史が社会的にどのような広がりをもつのか測定することでした。結果は芳しくありませんでした。そのような個人の私生活の歴史は、書くことができないんです。その歴史を構築するためには、その人が自分のことを語るか、他人に語ってもらわねばなりません。日記であろうが、手紙であろうが、自伝であろうが、ある観察者による描写であろうが、さらには、なんらかの物質的な痕跡（宝石、家具、衣類）であろうが、なんでもいいのですが。ある個人が日記のなかで「夢を見た」と記していれば、彼がじっさい夢を見たと考えることができます。しかし、たぶん文字が書けず、日記を残さなかった彼の隣人も、おそらく彼と同じくらい多くの夢を見ていたでしょう。けれどもそう断言させてくれるものは何もありません。これが、言われなかったことはすなわち感じられなかったことなのかという、歴史家に提起された問題そのものなのです。

■ わたしはピエール・アンドレ・ブルイエの例の絵のことを思い浮かべています。『サルペトリエール病院におけるシャルコー医師の講義』という絵で、シャルコーがひとりの若いヒステリー患者の女性を人前にさらしています。まるで、私的なもの、内面的なものを表現することのできない娘から、それらをだまし取ろうとしているかのような印象を受けます。

告白の方法にたいする欲求と、その方法が増えたことは、ミシェル・フーコーが『知への意志』で言及していることで、じっさい内面的なものが拡大し、深化したことに対応しています。しかし、これらのことと、幾人かの専門家たちがおこなった、内面的なものを横取りしようとする努力とは、区別しなくてはなりません。なかでも、リヨンで囚人や、さらには死刑囚にまで自伝を書かせたラカッサーニュの場合がそうです。それをもとに、現在、フィリップ・アルチエールが一連のテクストを出版しているところです[10]。

ジョージ・L・モッセは「暴力化」にかんする本[11]のなかで、第一次世界大戦の影響を指摘しています。アルフレッド・ド・ミュッセは『世紀児の告白』のごく初めの部分で、帝国の戦争や、「熱烈で、蒼白で、神経質な世代」、現れたと思ったらすぐまた戦争に出かける「黄金で飾り立てた胸が血に染まった」父親たちによって「二つの戦いのあいだに宿された」子供たちのことを思い起こさせています。帝国の戦争での虐殺やソルフェリーノ(一八五九年のイタリア統一戦争の戦場のひとつ。四万の死者を出した)のような戦いのことを考えると——十分に用心はしなければなりませんが——「暴力化」という概念を十九世紀にあてはめることはできないでしょうか。

ミュッセは十九世紀前半に非常に広がっていた不安を反映しています。この時代は、人々がとても神経質になりつつあった時代で、そのことは文明の進歩と結びついています。つまり、十九世紀は進歩の世紀になるだろうという幸福な印象が支配的になるのですが、それと同時に、人々はこの進歩が、それにともなって起こる加速によって、神経の高ぶりと支配というかたちになってあらわれるのではないかといった不安を抱くようになるんです。

十九世紀、一八一五年から一九一四年は、比較的殺戮の少ない一世紀です。イギリスはセバストポリ〔ウクライナの都市、クリミア戦争の激戦地〕やインドで、そしてボーア人〔オランダ系南アフリカ人〕と戦います。フランスはスペイン、イタリア、メキシコで、また一八七〇年にはプロシア人とも戦います。しかし、そのまえの何十年かの戦争、または二十世紀の戦争と比較したら、これらの衝突の悲惨さは小さなものです。

十九世紀には感性が洗練され、虐殺、流血、集団的な残酷さ、苦痛などがなかなか受け入れられなくなったのはきわめて明白なことです。すでに指摘したように、ギロチン台がパリの中心から遠ざけられ、まもなく人目につかなくなるでしょう。動物保護の法案が可決されます……。けれども、戦場では、二十世紀にすべてが変わってしまいます。一八七〇年の戦争と一九一四年の戦争についてステファヌ・オードワン゠ルゾーがおこなった比較がそのことをよく示しています。前者の戦争では、一種の儀式化が保たれていました。つまり、要塞の明け渡しに調印し、捧げ銃をおこない、けが人を救助するのが許されていました。一九一四年の戦争は残酷さそのものです。社会が鈍感になり、エリートが――繰り返しになりますが――子供たちの心にいたるまで「虐待する」のです。

9　オルヌ県の一介の木靴職人——『記録を残さなかった男の歴史』

無名の男の伝記　社会史の手続き
ヴィクトル・ユゴーの「社会の洞窟」　戦闘的で目的論的な歴史
ピナゴについて人は何を知っているか？　祖先の探求
かなわぬ出会い　政治は村にまで達するか？　ピレネー学派
森の人間と風景の解読　日本の民族誌学について
歴史における伝記の回帰

すでに何度も触れた人物ですが、ルイ＝フランソワ・ピナゴについてお話しするときがやってきました。まず手短に思い出しておきたいのは、この本の人物がいつもとはだいぶちがったやり方で選ばれたということです。つまり、あなたはオルヌ県の古文書館に行って、行き当たりばったりにある場所を選び、つぎに、これまた行き当たりばったりにある人物を選んで、伝記を書くことに決めたわけです。この本のアイディア、とくに、まったく無名の人物について伝記を書いてみよう、という思いもよらぬ賭けのアイディアは、どんなふうにして生まれたんでしょうか。

すでにお話ししたように、『私生活の歴史』の著者たちは、エリートについてだけ語って満足したと非難されました。エリートとは、文字によって痕跡を残せる個人、あるいは観察の対象となりうる個人の総体として定義される人たちです。この批判が正当なものかどうか確かめるためには、そのほかの人たちについても歴史が書けるのかどうか知る必要がありました。繰り返しになりますが、答えは否です。痕跡を残さなかった個人の私生活——日常生活とはいいませんが——について歴史を書くことは絶対にできません。たまたまわたしは極端な例を選ぶことになりました。つまり、読み書きのできない——このことはあとから知ったのですが——、生涯の大半はとても貧しかった男です。何年も古文書館で調べましたが、この人がどんな情動の持ち主で、何を感じ、何に情熱を注いでいたのか、まったくわからないんです。ぞっとするような人だったかもしれないし、聖人だったかもしれませんが、わたしにはわかりません。この十九世紀の木靴職人については、文書が発見されたエジプトのファイユーム〔上エジプトの一地方〕の代官の誰かについてよりもわからないんです。

ルイ＝フランソワ・ピナゴとともに、あなたはご自分が関心をもっている期間、われわれに比較的近い時代で、しかも完全に消えてしまった時代に身を置いていらっしゃいますね。

はい、われわれの近くにいながら、われわれがその痕跡をほんのわずかしか留めていないような人間に関心をもっています。

序文からあなたはかなり強い表現を使っています。「十九世紀の社会史の手続きを逆転させ」なければならないと説明しています。それは「民衆の歴史」という表現を文字どおりに受けとることなのでしょうか。

社会史の研究家たちは、自分たちが語る個人と知り合いになることはできないということを承知しています。ですから彼らはそれらの個人を「大衆《マス》」として、「集団」として、その内部では個人が姿を消す全体として研究するんです。個人が姿をあらわすのは、代弁者として、闘士や啓示者としてであって、主体としてではありません。一方、どんな個人も、大衆の研究が提示するような生の図式にぴったりあてはまるものではありません。わたしの本は二つのことが必要だと強調しています。ひとつ目は、歴史家というものは自分がぶつかる不可能なことを打ち明け、欺瞞を回避しなければならない、ということです。たとえ、ある木靴づくりの職人がペンをとって、自分の人生を語っていたとしても、それで、わたしがルイ＝フランソワ・ピナゴについてよくわかるようになったわけではないでしょう。この著者の意図、修辞上の手本が彼の文体にあたえる影響、情緒的な構造、彼の人生の歴史などが、おそらく彼をピナゴから遠ざけてしまったはずです。したがって、わたしは彼には資格がないと考えます。

多くの歴史家たちが、昔の人々は情熱や関心の的を皆で分かち合っていたかのように考えますが、それはばかげています。他方でわれわれは、議論の対象になっている人たち全体がどの程度の情報や知識をもっていたのか知らないということを認識していながら、あたかも彼らが、政権を担当しているのは誰で、自分たちが生まれる二〇年まえに何が起こったか、などといったことを知っているかのように見なします。それゆえ、すべてを再検討し、方法的懐疑にしたがわなくてはならないのです。これはアルフォンス・デュプロンが「純真さ」と呼んでいるものです。テクストの意味が立ち上ってきて、みずから語るに任せなければなりません。わたしは、この人が何を知り、何に関心をもっていたのか、先験的《ア・プリオリ》に知っているわけではありませんし、彼の感情も、情動の通常のあり方もわかりません。ですから、頭ごなしに決めつけるのは差し控えるのです。

「無限の底辺」にいる人々

伝統的に、伝記というものは二つの的をねらいます。つまり有名な人物か、あるいはなんらかの兆候を示す、特定の型に収まらない人間や周辺人《アウトサイダー》です。ところでピナゴは、サルトルが書いていたような、すべての人にあてはまり、しかも誰もが彼にあてはまる、そんな人物です。彼は、自分自身の忘れ去られた生以外になんら重要性をもたない個人です。

この考え方をもっとも徹底して押し進めたのは、ヴィクトル・ユゴーだと思います。ただ、同じ見通しのもとにだったわけではありませんが。彼の目には、「無限の底辺」あるいは「社会の洞窟」と彼が呼ぶ場所に埋もれた人たちは、ほんとうの意味では主体としての地位を獲得していません。彼らは不可視性の域にとどまっており、小説の主人公になることはできないんです。主人公になるためには、可視的になれる状況に身を置かなくてはなりません。刑罰か慈悲と出会わなければならないわけです。それがジャン・ヴァルジャンの場合です。もし彼がパンを盗まなかったら、小説の登場人物としての地位を獲得することはできなかったでしょう。テナルディエについても同様です。慈善家の訪問を受けて、観察者が彼に気づく機会がなかったら、彼はこの地位につくことはできませんでした。歴史家も、庶民階級出身の人に出会おうとするときには、裁判記録や慈善関係の資料に頼ります。あなたがおっしゃる肖像画の陳列室にはいるためには、ルイ＝フランソワ・ピナゴは自分の妻を殺すか、食料品を盗まなければならなかったでしょう。そうすれば、彼を追って法廷まで行くことができたはずです。あるいは、ある裕福な慈善家が定期的に彼を訪問し、彼の様子をわれわれに描いてみせてくれる必要があったでしょう。

■ あなたの賭けにとっては幸いなことに、彼は何もしなかったのですね。

アルレット・ファルジュが、あらゆる人生は出来事によって区切られていると断言しているのは正しいことです。けれども、もし個人個人が可視的にならなければ、われわれとしては彼らのことを知りようもないわけです。とはいえわたしは、ルイ＝フランソワ・ピナゴが激しい感情や情熱をもっていなかったと言っているわけではありませんし、ましてや彼の人生に日々、問題や心配事が起こらなかったなどと言っているのでもありません。

■ あなたのこの主張には、労働運動の歴史と呼ばれたものへの暗黙の批判がありませんか。

ある意味ではそうですが、この批判は昔のやり方に向けられたものです。それに、この歴史では、すべてが否定的なわけではありません。現在おこなわれている外形描写は、多くのことを教えてくれるかもしれないさまざまな関係づけを可能にしてくれますから。こんにちコンピュータが可能にしてくれるものは、三〇年前には不可能でした。『労働運動の伝記事典』――例のメトロンが編纂した事典のことですが――をとりあげてみるならば、唯一の問題は、そこに載っている人たちがどんな基準で選ばれたのかを知ることです。これは研究上のすばらしい道具であり、それを使えば、この事典をつくった当事者たちが考えもしなかったさまざまな研究をおこなうことができます。このようなデータバンクは――われわれも第三共和制の代議士について作成中ですが――役に立ちます。それらは、作成したときには思いもよらなかったような問いに答えることを可能にしてくれますから。

それにたいして、おそらく三〇年前だったらできなかったことは、あなたがお書きになっているように、最後になんのメッセージも残さずに「埋もれた人々」の歴史を書くことではありませんか。

その通りです。現在では、戦闘的な視野に立って書かれる歴史はかつてにくらべるとずいぶん減ってきていて、人々の興味をあまり引かなくなってきているように思われます。このことは、われわれの社会の変化、非政治化、歴史は戦闘の道具であってはならないという考え方に結びついています。例を挙げてみましょう。十九世紀を共和国の到来の世紀として研究することは、目的論的な歴史をつくることです。共和国の到来を提示し、それから、それがどのようにして実現したかと問うてみることは、きわめて正当な系譜的方法を採用することです。けれども、世紀全体をこの到来と同一視し、それが当時の人々全体のものの考え方や感じ方に対応していたと暗に思わせることは誤りです。もしわれわれがルイ＝フランソワ・ピナゴの死（一八七六年二月）の直前に彼にたいして、彼は共和国が到来した世紀に生きたのだと指摘したら、彼をずいぶんびっくりさせたことでしょう。だからといって、この人が政治にはけっして関心をもたなかったと言うつもりはないんです。そんなことはわたしにはわかりませんから。

主観的なカメラ

大部分の人にとっては、歴史とは現実を再構築するひとつの方法です。それにたいしてあなたはここで、一連の同心円によって人物の輪郭を作り直すことが重要なのだと説明なさっていますね。

ルイ＝フランソワ・ピナゴにかんする資料が、彼についてほんとうの意味では教えてくれなかったので、わたしは彼のことを理解するために、彼の立場に立ち、一連の単純な質問に答えることで彼に近づこうとしました。彼は何を食べ、何を飲んでいたのか、誰に出会ったか、なんの話をどんなふうにしたか、両親や隣人にたいしてはどのようにふるまったか、大きな事件をどのようにくぐり抜けたか、一八七〇年にプロシア人たちが戻ってきたときどんな反応を示したか、働きぶりはどうだったか、といったような質問です。これらはすべて、この時代の農民たちの生活を織りなしている情報です。けれども、もう一度申しますが、ピナゴ自身がどういう人間だったかを教えてくれるようなものは、この描写からはつねに欠けることになるでしょう。

正当化の難しい欠如ですね。というのも、歴史的、方法論的要求にたいして、もうひとつ別の要求がつきつけられるのですから。その要求は、より出版者側に立ったものですが、どんな伝記でも、研究対象である個人の心理的個性という不可欠の主題をあつかわなければならない、という要求です。

わたしは最初から出版社に、この本のなかでは何も起こらず、子供たちが言うような筋の起伏はないだろうと言っていましたので、成功は危ぶまれていました。ところが、この本は私の本のうちで——少なくともフランスでは——もっとも売れた本になりました。なぜだかよくわかりませんが。

アンドレ・モーロワ〔一八八五〜一九六七。作家で、とくに伝記文学に傑出する〕は、一九三〇年に出版された伝記にかんするエセー[1]のなかで、読者というものは自分のまえに提示された多かれ少なかれ著名な人々の人生のなかに、「不安を分かち合う兄弟」をさがし求めるものだ、と説明しています。モーロワはおそらく、伝記作家というのは社会の根底に横たわる願望につねに少しばかり答えるものだと言いたかったのでしょう。したがって、伝記作家とその対象者と社会のあいだには対応関係があるわけです。

欧州連合の創設や商取引のグローバリゼーションなどのために、一部の人々は根源的な絆に飢えています。とくに、これらの変化を体験した年配の人たちと、それとは正反対に、どんな女性やどんな男性が自分たちの曾祖父母だったのか知りたがるごく若い人たちです。彼らは自分たちの祖先がド・ゴール〔一八九〇〜一九七〇。将軍、政治家。第五共和制の初代大統領〕でも、ペタン〔一八五六〜一九五一。元帥、政治家。第二次大戦下で、対独強力派ヴィシー政府の首班〕でも、ジャン・ムーラン〔一八九九～一九四三。対独レジスタンスの闘士〕でもないことを知っています。彼らが過去の自分についてなんらかの考えを持とうとしたら、それはおそらくルイ＝フランソワ・ピナゴのような人物に関心をいだくことによってなんです。わたしは十九世紀のペルシュ地方の農民たちの日常生活を書いたわけではない、とはっきりと述べておきたいと思います。けれどもあなたは、日常生活における労働の諸条件が問題になっているではないか、とおっしゃるでしょう。ちがいはいったいどこにあるのか。日常生活をあつかう歴史家は一般的な描写をめざしているのにたいして、わたしの本では、現実はピナゴの目を通してしかよみがえってきません。われわれは彼の両親、隣人、彼が出会ったかもしれない人々しか目にしないんです。

■一種の主観的なカメラですか。

まさにその通りです。わたしがいわば生き返らせたのは彼だけではなく、いとこたちや隣人たちでもありました。ルブックおじさん、ラ・《ブロディンヌ》、従姉妹のアンジェリック、雪のなかを木を伐りに出かけて番人に見つかってしまったある日雇い労働者、オリニの旅籠で常識はずれの時間に食卓についた木靴職人などです。低フレヌ地方の夜の集いで語られたさまざまな出来事にも触れました。わたしは一九四〇年代にこの種の環境を知りました。その後、パワーショベルが十九世紀と二十世紀前半の墓を一掃してしまいましたが。

ルイ＝フランソワの十文字署名

あなたの序文のなかには突然イタリック体の文章があらわれます。それは一種の日記で、あなたが研究のさいにとったメモ、ある瞬間における特別な感動を書きとめたものです。あなたはたとえば「出会いへの期待によって引き起こされる感動」について触れています。これはほとんどロマンチックな出会いを思わせますね、亡霊をまえにした歴史家だなんて。

わたしはこの本のタイトルを『地獄くだり』にしようと考えていました。つまりウェルギリウス的な意味での死者の国への下降です。でも、もしそんなタイトルにしたら、人々はおそらく誤解して、わたしがペルシュ地方を地獄と同一視していると考えたでしょう。

けれども序文であなたは、他人の人生をとらえられるという自負をいだくときに、歴史家であるあなた自身をとらえる一種のめまいについてもほのめかしていますね。

伝記作家の標的になろうなどとは想像だにしなかった他人の人生をです。

この本の最後の文はかなり感動的です。「彼〔＝ピナゴ〕はこの本をどう思っただろうか、いずれにしても、彼には読めるはずもなかったのだが」とあります。あなたはご自分の文章、ご自分の文体のなかに、一種の慎み深さを保ったように思われます。まるで恥じらいからであるかのように。

このような単調な人生の物語のなかでは、ちょっとした筆の効果などは歓迎されないだろうと感じたんです。読み書きができず、木靴職人で、ベレームの森の貧窮者であるルイ＝フランソワ・ピナゴになりきろうと思ったら、素朴にならなくてはなりません。わたしは、美化していない、ところどころで彼になり代わっていない、と非難されました。しかしこの慎み深さは意図的なものです。自分自身の歴史小説をつくるのは読者の役割ですから。

そして例のピナゴ研究センターはどうなっていますか。

存在しています。人類学者のジャック・レミーが資料を受け継ぎました。彼はルイ＝フランソワ・ピナゴについて一年間研究しました。そして彼の持参金の額を発見しました。ピナゴはそのうえ義母からも遺産を相続し、それで家を買うことができました。ジャック・レミーはピナゴの死の直後におこなわれた彼の財産の値づけも参照しました。それは公証人によって六〇フランと見積もられていました。ひとりの木靴職人は毎日二・七五フラン稼ぐので、それは二二日分の仕事に相当します。この人類学者はまた、この本を読んだ土地の人々にたいする「ピナゴ効果」についても研究しています。

ピナゴ研究センターの構想は別のことも暗示していたように思います。ある特定の地域でピナゴのような人間を百人ほど研究したら、この時代の農民の世界についてかなりの情報を入手することができるのではないでしょうか。

ええ。かつて、社会の観察者たちは、亡くなった当事者たちのうえに垂直な視線を投げかけたものですが、もはやそうではなく、当事者たちの視線と一体化することによって、いわば地面すれすれの高さで歴史をつくることになるでしょう。もし、オリニ＝ル＝ビュタンのすべての住人をひとりずつ検討すれば、われわれはついには新しいものを発見することになると思います。それは、その記述がいつもとちがう手続きから生まれるからにほかなりません。たとえば、接骨医、呪術師、馬の去勢を業とする人などにたいするわれわれの知識を深めるのは、興味深いことでしょう。

この種の研究にはしかしながら、原資料のあつかい方をよく心得ていることが要求されますね。もしある学生があなたにこのテーマを研究したいと言ったら、あなたは承諾しましたか。

たぶんしなかったでしょう。しかし系譜学者たちにたいしては勧めます。

ルイ＝フランソワ・ピナゴが書き残した唯一の痕跡、嘆願書に書かれた十文字署名（文字が書けない人が署名するときに十印で署名する）を発見したときにあなたが体験した感動の瞬間についてお話しくださいますか。

彼は読み書きができないと自分で言っていましたが、わたしは彼の手の痕跡を発見したいと望んでいました。たとえば身分証書の署名などです。村議会の会議のたびに彼の長男によって書かれたピナゴの名前を見たとき、すでに感動を覚えました。けれどももっとも大きな感動を覚えたのはもちろん、ある嘆願書のルイ＝フランソワ・ピナゴの名前のまえにこの十文字署名を発見したときです。これを書いたのがまちがいなく彼だと示すものは何もありません。誰かが彼の代わりにこの十文字署名をしたのかもしれません。しかし、それはあまりありえないことです。というのも、この書類にあるさまざまな十文字はたがいに似ていないからです。もしも役場の書記が読み書きのできない人すべて――およそ二〇人ほどですが――のために署名をしたとすれば、はっきりと見てとれるでしょう。ところが、わたしの興味を引く十文字署名はとても押しつぶされたかたちをしています。それは、ある身振り、身体的な存在感を喚起します。わたしの友人のひとりである日本人の教授の話では、その十文字がルイ＝フランソワ・ピナゴの実在を、したがって、わたしが自己同一化しようとしていた人物とわたしとを隔てていた距離を、わたしに思い出させたのだということです。

旅籠の男

ルイ＝フランソワ・ピナゴは総裁政府、執政政府、帝政、王政復古、七月王政、第二共和制、第二帝政、第三共和制のもとで生きました。彼は侵略とあらゆる領域での重大な変動を体験しました。けれどもあなたは、これらすべての出来事が彼にどんな刻印を残したのだろう――刻印があったとしての話ですが――と問うています。『ポリティックス』誌[2]に発表された論文のなかでフィリップ・ヴィジエは、コバーンやユージン・ウェーバーのようなアングロ＝サクソン系の歴史家たちをからかっていました。彼らにとってフランスは、一八八〇年代まで未開人と粗野な農民の国のままだったわけです。けれどもフィリップ・ヴィジエはまた、こうも言っていました。すなわち、政治化と見なす基準は従来考えられてきたよりはるかに広範にわたっているはずで、「村の政治化」にかんしては通常よりずっと用心しなければいけないだろうし、政治化をたんなる選挙行事とは切り離さなければならないだろう、と言っていました。あなたのお考えでは、ルイ＝フランソワ・ピナゴにかんする伝記のようなものは、この議論にどんな種類の論拠をもたらしてくれるのでしょうか。

たしかに長いあいだ、農民たちというのは人の言うなりになる柔弱な人間だと思われていて、彼らを教化し、説得するには、政治結社の本部からオリニ＝ル＝ビュタンの旅籠に代表を送るだけでよいと考えられていました。しかしじっさいには、これらの人々をあらかじめ知っていなくてはなりません。彼らがどのような評価体系をもち、世界や来世や宇宙についてどんなイメージ体系をもっていたか、鉱物、植物、人間、他者、自己、距離、空間などをどのように理解し、互いに関係しあうどんなシステムをもっていたか、などといったことを知っていなくてはなりません。旅籠に陣取った政治結社の代表者の言葉を考慮するまえに、こうしたことすべてを知っておかなければならないんです。ところがこのような研究はめったにおこなわれません。

歴史は、この好奇心をそそる人物が旅籠の扉を押すときにしか始まらないのですか。

そうです。しかし彼がその扉を押すとき、最初の反応は――これには確信があるんですが――嘲弄です。農村の旅籠に出現したパリ人というのは揶揄の原因となり、ある種の不信感を抱かせるものです。彼が帰ったあと、犀利な論評の時間が始まります。利害関係についての予測が政治的立場の選択を左右します。賛同したら得をするか、損をするかが計算されます。この過程では、噂――これを評価できないとなりません――が決定的な役割を果たします。したがって、大衆の政治化を理解しようとするまえに、多くの前置きが存在するわけです。ルイ＝フランソワ・ピナゴはいったい何をわれわれに教えてくれることができるのでしょう。いくつかの限定された情報です。すなわち、国民軍〔一七八九～一八七一年の、秩序維持を任務とする民兵隊〕は人々を長くは夢中にさせなかったこと、木靴職人の場合かならずしも、男性普通選挙権〔一八四八年成立〕を獲得してすぐ投票するようになったわけではないということです。ではなぜ、木靴職人は農業従事者ほど投票しないのでしょう。自分たちが排除されていると感じているのでしょうか。物笑いになるのがこわいのでしょうか。このような問いはまた、多くの有権者を外した一八五〇年五月三十一日の法律がどれだけの効果をもっていたかといったことや、人々はどのようなテンポで選挙行為を学んでいったかといった問いをも生み出します。けれどもこの本のなかでは、わたしは村の政治的意見については研究しませんでした。そんなことをしたら、選挙の社会学のなかにふたたび落ち込んでいたでしょうけれども、ピナゴの投票の内容を知らないのですから、何ももたらしてはくれなかったでしょう。

十九世紀を理解するのに農民が非常に重要であるにもかかわらず、歴史記述が都市に注意を集中させているというのは、奇妙なことです。これはどこか不自然ではないでしょうか。

もちろんです。ルイ＝フランソワ・ピナゴの若いころには、農民はフランスの人口の半分以上を占めていました。都市のほうが研究されることが多いのは、都市が未来を象徴しているからです。都市の歴史はこんにちでは公式に優先権をもった研究の基軸をなしており、これをテーマにした博士課程の研究は数えきれないほどあります。かつてはそんなふうにして、みんな工場を研究したがったものです。十九世紀には工場なんて奇妙きわまりなかったのに、とイヴ・ルカンが言うようになるまでの話ですが。わたしの著作のうちでもっとも多く政治をあつかったのは『音の風景』です。そこに見いだされる情動と反乱の激しさから、このレヴェルでは、政治とはまず第一に、単純な物事の管理に属するものであることがわかります。

■ルイ＝フランソワ・ピナゴが政治的立場を表明する唯一の機会は、森の道にかんする嘆願書を提出するときですね。

この道をわたしは知っています。いまではつまらないものに見えますが、ルイ＝フランソワ・ピナゴにとってはとても役に立つものでした。

■四半世紀来、大学における農村研究はどんな貢献をしましたか。

思うに、もっとも実り豊かなのは、わたしなら「ピレネー学派」と名づける人たちの研究の成果です。その創設者はジャン＝フランソワ・スーレで、一九八六年に十九世紀のピレネー史にかんする博士論文(3)の公開審査を受けました。この著作のなかで、彼は農村の住人の政治化にかんするおおかたの理論とは逆の立場を主張していました。スーレはまずはじめにピレネーの住人や、一見したところ政治的でない出来事にたいする彼らの反応のしかたに関心をもちます。クリスチャン・チボンも、ソー地方にかんする研究で同じ方法をとりました。彼は外部からやってきたメッセージの受容形態を研究しています。拒絶を説明し、借用や作り直しを分析しています。これら二つの例と、ロゼール県の「冷徹な支配者たち」にかんするイヴ・プルシェのもののような、人類学者によるいくつかの研究は、十九世紀の農村の人々にかんして過去一五年間にわたしが読んだ、もっとも興味深くてもっともあたらしいものです。

ルイ＝フランソワ・ピナゴはたしかに読み書きができませんでしたが、すばらしい職能を備えていました。木靴をつくるための木材を選ぶことができましたし、おそらく数を数えることもできたでしょう。したがって無知な人間ではありませんでした。この種の事柄を知ることによって、文盲にかんする統計から引き出せる結論は修正されますか。

文盲は痴呆の同義語ではありません。もし同義語だとしたら、前世紀のどれほど多くの人たちが愚か者とみなされてしまったことでしょう。もちろん、読み書きのできない人はある種の情報手段には接近できませんでした。しかしそのことは、彼らに別の手立てを特権化させ、ある種の記憶形態を鍛え、聴覚を洗練させ、おそらく観察能力を高めるようにさせたのです。それに、読み書きができないということは、時代によって異なる意味を帯びます。障害は、ある集団における読み書きのできる人の割合におうじて変化するわけです。

木靴はこの本のもうひとりの人物だとまで言えるでしょうか。

はい。十九世紀は木靴の大いなる世紀でした。二十世紀なかばまで、人々は木靴を履いていました。

■あなたは、ピナゴが大木の樹林や風景を見て幸福を感じたかもしれないと推測なさいますか。

それはなるほど推測にすぎません。それらの風景がピナゴを幸福にしたかどうか、わたしにはわかりません。彼は森の人間で、毎日森で「木を伐っていました」が、風景に敏感だったかどうかはわかりません。彼がどのように空間を解読していたか、われわれにはわからないんです。おそらく主要な美的コードによってかき立てられる感覚より、野ウサギやアナグマが通り過ぎることのほうに注意深かったでしょう。

■『記録を残さなかった男の歴史』のような本が、出版早々、日本で翻訳されたということをあなたはどう説明なさいますか。十九世紀フランスのノルマンディーの木靴職人のような人物のどこが、日本人の関心を引きうるのでしょう。フロベールが言うように、神は細部に宿るからでしょうか。

わたしの他の本はすべて日本で翻訳されています。ですからこの本も連鎖の効果にめぐまれたわけです。けれども、それらの本が伝統的に日本人の関心を引く対象を扱っているというのはたしかです。浜辺、鐘、感覚的なメッセージなどですから。ただ、今回彼らを魅了したのは、おそらくノルマンディーの農村に深く潜り込んだせいでしょう。彼らは手つかずの自然をとどめている日本の山々にあれほど愛着をもっていますから。さきほどお話しした日本のジャーナリストたちがオリニ゠ル゠ビュタンを撮影したときの歓喜には、意味深いものがあります。彼らはみごとに森を再現しましたが、それはおそらく彼らにはわれわれには見えないものが見えたからでしょう。細部は彼らの興味を引くんです。日本では民族誌学は非常に発達しています。リュシアン・フェーヴルに匹敵する人たちがいるのはこの分野です。たとえばかつて柳田教授〔一八七五～一九六二。民俗学者〕は、われわれの古くからの心性史の対象だった一連のものを研究しました。三〇年代からすでに彼は涙について研究していたんです。彼の研究からひとつの学派が生まれました。神奈川大学付属の常民文化研究所は現在とても活動的です。

サルトルのあと何をすべきか

そして、「『アナール』誌が選んだ本」の好意的な反応は別として、フランスの大学人たちはピナゴをどのように受け止めましたか。

定期刊行物の書評欄担当者や批評家である、フランス内外の大学人の受け止め方はとても好意的だったように思います。そのほかは、本がすでに忘れられたころ学術雑誌に発表されるだろう書評を待たなければなりませんが。それらがどういう内容になるかはわかりませんが、ほとんど予測はできます。近代史の専門家、民族学者、人類学者、精神分析学者の側の受け止め方はたぶん好意的でしょう。そしてフランスの農村史の専門家たちもこの本に「着目する」でしょうが、ほんとうの意味では掛かり合いにならないのではないかと思います。

■批評は、あなたの「伝記の対象者」のかなり独創的な選び方や、あなたが用いた方法を論じ、歴史的な伝記にかんする現在の議論を活発なものにすることはないのでしょうか。

伝記ですか……。ジャン＝ポール・サルトルやミシェル・フーコーやロラン・バルトによる批評を読んだあとで、われわれに何ができるでしょう。そのような問いかけは必要だし、文学テクストの分析を専門とする人たちによって表明された、伝記を作り上げることの可能性そのものにかかわるきわめて適切な指摘を考慮しなければなりません。おそらくもっとも鋭かったのはジャン＝ポール・サルトルでしょう。彼はそれでもフロベールの伝記『家の馬鹿息子』を書くことを試みましたが。

■伝記への回帰はしかしながら、かなりはっきりしていますね。

作家たちは伝記を書くことが不可能であるという意識と、読者の要求に答えたいというとてもつよい願望のあいだで引き裂かれてしまっています。伝記作家のなかには、彼らの登場人物が書いた一連の文章を注釈することによってその困難を回避する者もいれば、歴史を通じてその人物が次々にまとった相貌を分析する者もいます。要するに、彼らはその企てが不可能なものであることを読者に示しながらも、伝記を書くことに没頭するわけです。これは少なくとも、「ある秋の晩……」などと書き出すことを回避させてくれるテクニックなんです。

■かつて伝記にかんしてかなり厳しい論説を発表したジャック・ル・ゴフのような著名な歴史家が、こん

■にちこの反感を取り消して、伝記は全体史にとってひとつのメリットでさえあると認めているようですね。

ええ、なぜなら問題になっているのが、ある人物について語るという範囲を超えた伝記だからです。ある意味では、『記録を残さなかった男の歴史』は控え目ながら、この枠組みのなかにはいるかもしれません。

■もしあなたが有名な人物の伝記を書くように頼まれたら、誰を選びますか。

すでに依頼されたことがあるのですが、断りました。十九世紀についてなら、毒殺者のラファルジュ夫人〔一八四〇年に夫を ヒ素で毒殺した〕、シャルコー〔一八二五〜一八九三。神経病学者。フロイトの師〕、出生の不安にさいなまれていたナポレオン三世のことを考えました。つまり一連のなぞめいた人物です。ナポレオンをセント＝ヘレナ島〔南アフリカ北西沖の英国領の島。ナポレオンの流刑地〕まで追いかけたいとも思いました。この標識としての小さな島は、第二帝政下のガンジー島〔イギリス海峡にある島。ユゴーの亡命地〕と同様、多くの表象を発信する役割を果たしました。

■伝記作家というものは皆、悪夢を見ますね。重要な古文書のコレクションを見逃していて、それが自分の書いたものと矛盾しているのではないか、という夢を見たり、未刊の原稿を発見したりします。あなたはそんな悪夢を見たことがありますか。

あなたをがっかりさせてしまうのですが、自分がした仕事にかんして悪夢を見たことはありません。

リムーザン地方にかんする博士論文と『人喰いの村』のあと、『記録を残さなかった男の歴史』は三部作の最後に相当するのでしょうか。

おそらくそうです。博士論文では九〇万の人々を研究しながら、その誰ひとり知りませんでした。『人喰いの村』は感情の激発の研究をめざし、『記録を残さなかった男の歴史』は人生の単調さを対象としています。

ここ数ヶ月、「ミニマリズム」と呼ばれる文学全体が大きな成功をおさめています。たとえば、一口のビールから縄底のズック靴にいたるまで、もっとも素朴な日常の喜びをうたうフィリップ・ドレルムの本のことを考えているのですが。『記録を残さなかった男の歴史』の成功もこのような傾向の一環を成しているとお考えになりますか。

わかりません。わたしならむしろパトリック・モディアノのドラ・ブリュデールのような人物のことを考えます。この小説家の手法は、ルイ＝フランソワ・ピナゴについてわたしがおこなった調査に通じるものがあります。

10　教師と研究者

パリと地方の学生　読書　メディアと歴史
博士論文の幸運と不運　ボス教授はどうなったか？
フランス大学院　閑暇〔*otium*〕　心性史、感性の歴史、文化史
回顧的な社会学の問い　リュシアン・フェーヴルと「心性の道具」
限定された対象と接近の道　『アナール』誌の危機的転換期
漫画の想像力　雑誌と学会　アメリカの歴史家たちの大胆さ
ウェブと情報過多　詩的な方法

あなたは中等教育と高等教育で教えたことがあり、いまは研究指導をなさっていますが、学生のあいだで何か特別な変化に気づいたことはありますか。

わたしは一九九二年からフランス大学院の代表で、おもに第三課程〔博士課程〕に専念しているので、いまはそのような変化を見分けることができません。でも過去には、リモージュとトゥールとパリで、第一・第二課程〔教養課程から修士課程まで〕でも教えたことがあります。

一九六八年から七〇年代の中頃までは、学生たちは現在より積極的に参加し、発言したものです。

当時は大教室での一方的な講義がすたれ、教授が講義を独占するのではなく、それぞれの教員が指導演習のほかに講義も担当すべきだ、と主張するのがしゃれていました。学生たちは話すのが好きで、いまほど就職のことを気にしていませんでした。八〇年代から、ある種の真面目さが戻ってきたことに気づきました。学生たちは講義に出席しますが、以前ほど参加しなくなり、教授にたいしても、銘々に発言させることによって講義を活性化するようにとは要求しなくなりました。教授にたいしては、有能であり、知識を伝達してくれることを期待しています。しかし一方で、わたしは地方の学生とパリの学生のあいだのちがいに気づいています。

■ どんなちがいでしょうか。

明らかなエリートはパリに殺到しています。パリには、グランド・ゼコール準備学級や師範学校出身の学生たちが数多くいます。地方にも何人かの優秀な、とても優秀な学生がいますが、片手の指で数えられる程度の人数です。パリでは、教授たちは地方より容易に講演者を呼ぶことができます。これは新米の研究者にとっては大きな利益です。パリでは、学生たちは地方の大学よりも自立的にふるまっています。トゥールの学生たちは、少なくともわたしが知っていた学生たちは、パリの学生たちより教師に頼っていました。しかし、一五年前から、学生の数がいちじるしく増加したので、現在では事情が変わってきているかもしれません。

■ 学生のレヴェルにかんするお決まりの問いは的を射ているでしょうか。

職業上の経歴の変化にともなって、わたしは教え始めたころより、現在のほうがすぐれた学生に出会うようになりました。したがって、断定的なことは述べられないのですが、学生たちは現在のほうが幅の広さをもっているのではないかと思います。彼らは社会学、言語学、あるいは心理学がどんなものであるか知っています。関心の幅が広がっています。反面、彼らは先人たちほど年表に精通していません。わたしの世代では、歴史の学生はよい中等教育を受けていて、時間軸のどこにジャンヌ・ダルクやアンリ三世を位置づければよいか、正確に知っていました。ところがいまではそうではありません。そんなものはなんの役にも立たない、とあなたはおっしゃるでしょう。けれども、研究を企てられるのは、堅固に構築された年表の枠内においてだけなんです。

■ この問題の原因は中等教育の教育方法にあるとお考えですか。

ええ、そうだと思います。中等教育と初等教育、そして六〇年代、七〇年代に歴史を勉強した方法にあると思います。当時教師たちは、時事的な問題にしたがって教育内容をつくりあげていました。つまり、石油ショックは、あらゆる時代のエネルギー資源の勉強をうながし、ストライキは、先史時代以来の労働史を考察するよううながした……といったぐあいです。これは少々極端に単純化した例ですが。ところが、同時に、時間的な深さの感覚を身につける必要があるということが忘れられていたんです。

アンディ・ウォーホル効果

■ 四〇パーセントの中学生が、十一月十一日〔第一次大戦休戦記念日〕がどんな日か知らない、という調査をどう思いますか。

われわれの社会は、ミシェル・マフェゾリが「現在主義」と呼ぶものの被害を被ったのではないかと思います。現代は平らなスクリーンの時代です。これは、かつてたいへん賞賛されたアンディ・ウォーホル〔一九二九〜一九八七。アメリカの画家、映画製作家〕の作品と同様に、深さにたいする軽蔑の象徴、とりわけ時間的な深さにたいする軽蔑の象徴となっています。ところがこの時間的な深さの意識は、十九世紀には非常につよく知覚に訴えかけるものでした。視学総監もこの破壊を心配しています。時間の表象にどうやって深さを与えなおせばよいのでしょう。昔は小学校で年代を覚えたものですが、これはながいあいだ、もっともばかげたことだと思われてきました。ところが、あらゆる種類の出来事によって順序だてられた年代の見取り図が頭にはいっていなければ、歴史を勉強することなどできません。ペルシア戦争やポエニ戦争やシャルルマーニュを時間のなかに位置づけられるということは、役に立つことでした。年代的な目印がなくては、過去についての知識はかたちのはっきりしない、曖昧模糊としたものにすぎなくなってしまいます。

そして学生たちの勉強のしかたはどうでしょう。彼らの読書量は増えていますか、それとも、多くの出版社、とくに人文科学系の出版社が嘆くように減っているんでしょうか。

学生たちの読書量が減っているか、ですって？　高等教育のよい概論書がこんなにそろっているんですから、結局のところ、現在の学生のほうが、まえの世代の学生や五〇年代に大学でわたしと同じ講義を受けた学生よりも多く読んでいるのではないかと思います。他方、文庫本の叢書が過剰なまでの本を提供しています。ここ数年、多くの若者たちが地下鉄のなかで本を読んでいますが、このようなことはいままで見たことがありませんでした。

ええ、しかし、いくらよいものだとはいっても、概論書にかたよりすぎていませんか。文学書や、彼らが研究している時代やテーマに関連があるかもしれないエッセイを読んで気ままに散策することが以前より減っているのではないでしょうか。

そうかもしれません。しかしフランスでは、エリートをのぞいて、学生がたくさん本を読んだことなど一度もないはずです。歴史を専攻する学生は概論書以外はほとんど読みませんが、繰り返しになりますが、それらの概論書はとてもよくできているので、非常に実り多い読書になっています。でも明らかに、フランスの学生はアングロ＝サクソン系やイタリアの学生にくらべて読書量が少なすぎるということにかわりはありません。実際のところ、現在小学校に通っている子供たちの世代をつけねらっている大きな危険は、彼らがすでに、集中できず、長時間注意力を向けられなくなっていることだと思います。子供たちはリモコンでテレビのチャンネルを次々に変えたくなるという誘惑につねにつきまとわれており——この誘惑自体はかならずしも悪いものではありませんが——、それが子供たちが大学にはいる年齢にたっしたときにあらわれてくる、ある種の荒廃をもたらしているんです。一方で、パリ郊外の中学で教えていて、生徒たちの暴力と完全な無関心を嘆く、博士論文準備中の若い教師たちの繰り言も聞こえてきます。これはみんなが知っていることですが、状況は危険なまでに悪化してきているように思われます。以前は、個人的には、このような理由による苦情を聞いたことがありませんでした。

■学生たちが研究したい時代として選ぶものには、どんな変化が感じられますか。

彼らの大半は、中等教育とメディアが提案するものにしたがっています。ですから、第二次世界大戦、第三共和制の初期、ドレフュス事件の時代、そして二十世紀に殺到します。このことはそもそも、学生だけでなく、研究者全体にも言えることです。『フランス史書誌年報』の統計と国立古文書館の利用者の統計がそのことをはっきりと示しています。十九世紀前半に向けられた関心は低下してきています。社会全体にとって、一八一五年、一八三〇年、一八四八年、さらに一八七〇年〔それぞれ、第二次王政復古、七月王政、第二共和制、第三共和制の開始年〕というのは、もはや大したことを思い起こさせない日付なんです。

■二十世紀にかんしては、どんなテーマが重視されていますか。

戦争、ヴィシー政府など、要するにメディアが話題にするものです。テレビでは、歴史番組は、一九三六年から「冷戦」までというように多少広がりをもたせてはありますが、ほとんどすべて第二次世界大戦にかんするものです。好奇心がこのように狭まってしまったことが、対象の選択にも影響をおよぼしています。新米の研究者に何について研究したいかとたずねると、彼らは、自分の知らないもの、誰も話題にしないもので、新しいことをもたらすために彼らが発見したいと望んでもよさそうなものではなく、誰かが話題にしたことのあるもの、つまりすでに多くの研究を生み出しているもののほうに殺到します。

■関心はまた、文化的なものにも集中しませんか。

それはとてもはっきりしています。これは完全な逆転です。ひとつだけ例を挙げましょう。かつてパリ第一大学で教えられていた労働組合運動や労働運動の歴史は、徐々にアイデンティティ形成や社会集団の形成方法の歴史に場所を譲ってしまいました。それ以来、ここでは、好みは社会的表象の歴史と密接に結びついた文化史のほうへと向かっています。

博士論文と公開審査

■あなたのお考えでは、国家博士論文を廃止して、いわゆる「新制度」の博士論文に変える必要はありま

▒ したか。

わたしは国家博士論文の廃止に賛成した者のひとりでした。「新制度」博士論文は、「研究指導資格」の候補者が、一定の熟考期間を経て、あらたな展開を見せ、あたらしい研究を実現して、それ以前の経験を生かした本を執筆することを可能にしてくれるだろう、と考えていたからです。このような成功例は数多くありますが、二つ挙げてみましょう。ステファヌ・オードワン＝ルゾーは第一次世界大戦の塹壕を研究し、その後、この戦争中に子供たちの心にたいしてふるわれた虐待を、そしてまた、おなじ時期にドイツ兵によっておこなわれたフランス人女性にたいする強姦を研究しました[1]。要するに、自分の好む領域にとどまりながらも、彼は研究対象をつねに更新して、一連の革新的な本を執筆したんです。同様に、ドミニック・カリファ[2]は、犯罪のメディア化にかんする自分の博士論文に想を得た大著を出版し、それから興信所の歴史の研究をおこなって、われわれの現代性の本質をなす調査方法の急増にかんしてとても豊かな考察を展開しました。

このような研究者たちにとっては、国家博士論文が廃止されたことが十分に正当化されます。そして、幸いなことに、このような研究者たちはかなりたくさんいます。しかし、パリ第一大学における人文科学系の研究指導学位の責任者として気づくことは、候補者がごく控え目な博士論文を終えると、何本かの雑誌論文と、自分の著作にほとんど何も加えることのない百ページかそこらの論文をそれに添えて再提出する例があまりに多いということです。ところが候補者はみんな、公開審査をめでたく通過してしまうわけです。こうしたことから、価値が低下しつつあるこの学位の将来はいったいどうなるのだろう、と考えてしまいます。それぞれの大学、全国大学評議会のそれぞれのセクションが基準づくりに努力していますが、これは際限ない議論の的です。大臣のクロード・アレーグルもこの危険に気づいたようですが、どうなるのかわかりません。

博士論文のあと、研究指導資格の申請まではどのくらいの期間を経なければならないのですか。

最長期間を定めたものはありません。テンポが速まっていることは考慮しなくてはなりませんし、ある時点で決めた研究対象が公開審査のときには廃れてしまっている恐れがある、ということも十分理解しておく必要があります。ですから、研究対象を分割するか、あとからその対象を広げるとしても、当面は小さな対象に限定したほうがよいでしょう。残念ながら、繰り返しになりますが、多くの候補者がこの原則を無視しています。この変化を説明するには、フランスはたとえばアングロ＝サクソン系の国々で起こっていることに無関心ではいられないのだ、ということもまた言っておかなければなりません。米国で教師になるためには、PhD〔学術博士〕と一連の研究論文《ペーパー》——これはフランスだと学会誌に掲載された論文に相当しますが——があれば採用には十分なんです。

四年間で準備される歴史の博士論文の、現在の分量はどのくらいでしょうか。

規範というのはありません。博士論文の分量は四百ページから千ページのあいだで揺れ動いています。また、準備にかかる平均的な年数は六年ですが、公式の年限は三年ですから、多くの特例が認められていることになります。

■ボス教授というのはいまでも存在していますか。

お答えするのはむずかしいですね。ボス教授というのは、研究対象を分配し、方法を強制し、弟子たちを全国にばらまいて就職させる人のことでした。ですからボス教授は、先生の庇護のもとにいる博士論文準備中の者たちを安心させてくれました。こんにちのように就職の可能性が明らかに減少し、その結果、将来にたいする不安、さらには苦悩がつのってくると、ボス教授の制度の復活をまねく恐れがあります。この制度は安心させてくれるので、ある種の人たちにとっては望ましく見えるんです。しかしやはり、このあたらしいボス教授制度は六八年五月以前の制度とは異なるものにならざるをえないでしょう。権威というものの価値が危機に瀕し、思想的指導者が拒否され、教授たちの態度が変化し、生活やものの考え方がより気まぐれになっているために、人間関係が深く変化してきていますから。

■あなたが所属しているフランス大学院がどんなところか、お話しくださいますか。

フランス大学院の代表の職というのは、何人かの古参の教授——「シニア」——にたいして、更新可能な五年のあいだ仕事の負担を軽減してやり、二つの目的によりよく専念する時間を与えるためにあります。その目的とは、博士論文を準備中の学生と、自分が指揮する研究センターの世話をし、自分自身の研究をおこなうことです。というのも、彼らはすでに想像力の持ち主であることが証明されており、共同プログラムの実現だけにこだわる必要はない人たちだと見なされているからです。これはまた、フランスが最先端の研究を優遇するための制度をもっていることを外国人に示してもくれます。フランス大学院はさらに、とても優秀な博士論文を完成させ、想像力を証明したと見なされる「ジュニア」も受け入れています。

あなたが滞在なさったことのある外国の歴史教育と比較して、フランスの歴史教育をどのように位置づけますか。

わたしは少しばかりアングロ＝サクソンの世界を知っていますが、歴史の領域ではフランスと同じモデルにしたがって動いてはいません。ひとりひとりの教授は少人数の博士論文準備者を指導していて、彼らの研究を注意深く見守ることができます。必要ならば、新米の研究者を家に招くこともあります。彼らのためのゼミはほんとうのゼミです。つまり、長いディスカッションのあいだに、学生たちは全員が読んできた本について注釈するんです。ほかの人文科学の分野に属する著作の研究も、より広くおこなわれています。しかし同時に、このモデルにしたがって研究している若い研究者たちは、ときとしてある種の視野の狭さに苦しむことがあります。彼らは、グランド・ゼコール準備学級や高等師範学校の卒業生が伝統的に持っているような広い知識をかならずしも持ち合わせていません。

モンテスキューは知的労働者か？

あなたの本にはある言葉がよく出てきます。それは閑暇（*otium*）という語です。これを定義してくださいますか。

この語は古代史にかかわるものです。それは哲学的な余暇を指すもので、客をもてなしたり、保養地に滞在したり、都市国家のなかでの討論に参加したり、といったかたちをとります。それは省察と休息を同時に想定しています。現代でも、ちがうかたちで見いだされるもので、たとえばダニエル・ロッシュが描写している地方のアカデミーのなかに見られます。十九世紀には、多くの小ブルジョワ――行政官、医者、弁護士、法律家――がたくさんの自由時間をもっていました。彼らは学会員で、閑暇を実践していましたが、これは世紀末に有閑階級の人々を特徴づけていた時間のこれみよがしな浪費とは根本的に異なっていました。アルフォンス・ドーデに登場する畑を耕す副知事がある種の生き方を象徴しています。当時の多くの医者にはさほど患者がいませんでしたし、地方の行政官のなかにはあまり仕事のない人もいました。また、訴訟のない弁護士も大勢いました。こうした人たちみんながキケロを翻訳し、ラテン語の作詩の練習をしていました。彼らは本能的に閑暇のこのモデルを知っていたんです。

閑暇、教養があり有益な余暇というこの概念は、歴史家としての職業へのあなたのたずさわり方を規定しているとはいわないまでも、それに合致していませんか。

おそらくそうでしょう。理解していただくために、ひとつ例を挙げましょう。モンテスキューは働いていたでしょうか。われわれの基準からすれば、彼は猛烈な働き者と見なされるはずです。しかし彼はそう指摘されたら、おそらくとても驚いたでしょう。そして、「労働者」の一団に組み入れられたことで、おそらくさらに驚いたことでしょう。大学には、この閑暇の伝統が長いこと存続し、教授のなかには教養ある余暇のこの系譜に忠実であり続けている人がいるのではないかと、わたしは思います。

『アナール』学派のパイオニア的な概念——心性史、文化史、リュシアン・フェーヴルが感性の歴史と命名したもの——はこんにちではとても曖昧になっているように思われます。それらが対象としているものは定義しづらいものです。しかし反面、評価体系や表象体系を特権化するこのようなタイプのアプローチは、闘争の歴史——もう変更の余地がないまでに書かれてしまったと見なされるがゆえに、こんにちではおそらく見限られてしまっている闘争の歴史——を充実させ、さらには修正することもできるのではないでしょうか。別の言い方をするならば、思想というものは、当時考えられていた以上に多くのものを体現しているのではないでしょうか。

世界の表象体系と評価体系がつねに変化しており、同時に、アイデンティティの形成のしかたも変化し、対立の様相、紛争の解決方法は、この変化に依存しているとおっしゃろうとしているのであれば、賛成です。紛争の性質は社会集団のあり方とむすびついていますが、そのあり方はアイデンティティの形成のしかたによって決まります。ベリー地方のひとりの小学校教師を例に取ってみましょう。彼は背が低いかもしれないし、高いかもしれません。結婚しているかもしれないし、独身かもしれません。同性愛者かもしれないし、異性愛者かもしれません。絵画に関心があるかもしれないし、そうでないかもしれません。つりをするかもしれないし、水は大嫌いかもしれません。つまり彼の人格をつくっているのは小学校教師であるという事実だけではないんです。個人をあらかじめ作りあげられたカテゴリーのなかに閉じこめようとするのは、単純化しすぎです。ところがこれは、十九世紀には政府の指図のままに動く統計学者たちがやっていたことなんです。寛大でしかもダイナミックな視点に立てば、主体というものはそれ自体の情緒的な歴史や、世界にたいする自分なりの表象・評価体系を有し、職業をもち、さまざまな社会的関係を自分流に体験し、多かれ少なかれあるイデオロギーにかかわっている、ということが明らかになります。要するに、歴史は複雑になるんです。こうしたことすべてを、社会的表象の歴史は考慮に入れなければなりません。こうしたことすべては、かつてのあまりに単純で、図式的で、しばしばあらかじめ作りあげられ、目的論的でもある社会史から、われわれを遠ざけるものです。

カテゴリーと横断線

■ われわれは感性の歴史の復活について語ることができますか。

大学の歴史学の逃げ腰な態度と社会のつよい要求とのあいだには、明らかなずれが生じています。雑誌をめくれば、感情や情動、情念といったものが大きな位置を占めていることに驚かずにはいられません。スポーツ関係の新聞・雑誌でさえ、情動の演出は支配的になっています。そして、心理学や社会心理学、精神分析など、人文科学の領域でも同じようなものが強調されているのを見て取ることができます。ところが大学の歴史学の領域、少なくとも現代史の領域の内部では、感性の歴史にたいするはっきりとした抵抗が感じ取れるんです。しかしこれはたんなる引き延ばし作戦にすぎないと思います。わたしがよく知っている例をひとつ挙げてみましょう。最近まで労働組合運動および社会運動の歴史研究センターという名称だったチームにおいても、博士論文題目の範囲や教授たちのゼミの内容が、ここ一〇年ほどで、表象の歴史によって吹き込まれたあたらしい問題提起の影響のもとにいちじるしく変わりました。表象の歴史にこれほどまでの地位が与えられて以来、感性の歴史も遠くないことは明らかです。もっとも感性の歴史は、それ自体の独自性を保っていますが。

■ 表象の歴史はおそらく感性の歴史よりも安心なのではないでしょうか。前者にはまだ「社会的な」という形容詞をつけることができますから。

あなたは社会心理学の知識や社会的想像力という概念の成功をよりどころにしていますが、われわれはまた、心的表象について論じることもできるでしょう。しかし名目論は避けるべきです。文化史や、表象の歴史や、感性の歴史にかんするこれらの議論はすべて空回りして、じつに退屈なものになる恐れがあります。もっとも包括的で、それゆえいちばん正確さを欠く用語はおそらく文化史でしょう。そのもっとも優秀な専門家のひとりであるパスカル・オリーにとって、文化史とは、社会史の視点から研究された心的表象の歴史のことです。それは、社会心理学によって提案された、集合表象あるいは社会の表象という概念に送り返されるものです。

結局のところ、あなたはなんらかのカテゴリーに分類されることをあまり気にかけていらっしゃらないようですね。

ええ。というのも、わたしはカテゴリーというものは横断線ほど有益だと思っていないからです。たとえば「歴史人類学」という概念は、何を意味しているのでしょうか。歴史家はたいした苦労もせずに少々別の色をまとって、人類学者になってしまいませんか。いささかペテンではありますが。表象の歴史、評価体系の歴史、感性の歴史などは、少なくとも読者にそれらの対象をはっきりと示す利点があるんです。

しつこく伺うのをお許しください。もしあなたが「感性の歴史家」と呼ばれたら、これはあなたにふさ

■わしでしょうか。

わたしはこの表現が気に入っています。「感性の文化」という概念を大衆化しながら、二〇年ほどまえにこの表現を最初に使ったのは、パリ第一大学の美学教授であるテセードル氏だったようです。「感性の文化」という言い回しは、ある特定の集団、たとえば農村共同体の構成員たちは、感性的なものを評価する自分たちなりのやり方、すなわち、見たり、聞いたり、感じたり、飲んだり、食べたり、セックスしたり、一連の情動を感じたりするやり方をもっているということを意味しています。「感性の文化」というのはたしかに示唆に富んだ表現ですが、立ち戻って、個人が自分の属している集団からどれだけ独立しているか考えさせるものでもあります。

猛禽

■『アナール』誌の黄金時代にはさかんに、歴史は人類学から望ましい、豊かな恩恵を受けていると言われたものです。こんにちでは、歴史はどんな専門分野から有益で豊かな恩恵を受けることができるのでしょうか。

すべての専門分野から受けるとも言えるし、いかなる専門分野からも受けないとも言えます。これこそが例の「危機的転換期」に『アナール』誌のチーム内部から提起された問題です。われわれはほかの人文科学に正確に何を期待しているのか？　リュシアン・フェーヴルは、歴史家たる者は捕食をおこなわなければならない、つまり、「自分にとってどんな役に立つか」と考えながら、猛禽のように人文科学のテリトリーの上空を飛ばなければならない、と考えていました。しかしこれは、方法をたんに道具化することにすぎず、人文科学の専門家たちに甲高い抗議の叫びを上げさせることしかできません。彼らの目からすれば、このような捕食に認識論的正当性はないわけです。むしろ、ほんとうに彼らの側に立ち、ほかの専門分野を道具の地位に還元しないようにする必要があります。あなたのお話に立ち戻るならば、歴史家たちはながいあいだ構造人類学から着想を得てきたように思われます。しかし影響のしかたはより曖昧になってきています。

こんにちでは、歴史と大いにはりあっているのは社会学であるように思われます。どちらがどちらの領域で狩りをしているのでしょう。

二十世紀の初めから、歴史と社会学のあいだの関係について活発な議論がおこなわれてきました。歴史家にひとつの疑問を提出するもの――近代史学会でおこなわれた討論のさいにわたしはピエール・ブルデューに質問をし、彼も完全にこれに同意しているのですが――、それは回顧的な社会学がおこなう一連の問題提起です。この問題提起は、心理的な時代錯誤を避けさせてくれるような長期にわたる研究をおこなったあとであれば、正当化されうるものです。しかし、ときおり社会学者たちがおこなうように過去の社会にたいして一連の問いを発するという行為は、それほど自明のことではありません。その問題提起がなんらかの意味をもっていなければならないんです。したがってその問題提起をおこなうには、対象となる社会をあらかじめ知っていることが前提になります。その社会の文化を学んでいること、論理を理解できること、評価体系や表象体系を知っていることが必要であり、あらかじめ用意された解読格子にしたがって問うてはならないんです。このような必要不可欠な用心をしないと、わざとらしい結果を招くことになり、そうなると、回顧的な社会学は学校でやる練習問題にすぎなくなってしまいます。ところがこうした方法を信奉する社会学者たちにとって、ある社会をよく知りもせずに、その社会についてだしぬけにさまざまな問いを発したり、自分たちの問いに答えてくれるのに十分だと考える一連の古文書だけにもとづいて研究をしたいという誘惑は強いんです。

リュシアン・フェーヴルは「心性の道具」について語り、これは「同じ文明のそれぞれの時代で」変わりうると強調していましたが……。

この「心性の道具」という表現はとても批判されましたが……。

ここ二〇年のあいだに「心性の道具」はずいぶん変化したとお思いになりませんか。

はい。とりわけあなたが、情報・通信システムが大変動し、社会のあるゆる分野でものごとが加速していることから、いまおっしゃったようにお考えならば、その通りです。この名高い「心性の道具」——とくにジャック・ルヴェルが批判したもので、その批判はもっともなのですが——は、過度の物化を示すものです。それは個人の頭脳を一種の倉庫に変え、思考の活発な働きを、単にものごとを参照する過程に限定してしまいます。こんにちでは「心性の道具」という表現は両大戦間的なにおいを放っています。同じ理由で、歴史学の領域でも、「作業現場」という表現がわたしは大嫌いです。この表現は、とくに「あたらしい作業現場」を開こうとしている、と宣言するのが好きな研究機関の所長たちによって頻繁に使われています。この比喩は、労働者のグループと技術者のグループが存在するのではないかと思わせ、頭脳の働きの次元に属するものを物と化しています。しかし人々が用いる概念や、過去にたいして提起する問いは、「いま」に応じて変化するものだ、とリュシアン・フェーヴルが強調しているのはたしかに正しいことです。彼はまた、学習過程を研究し、言語学や文献学に頼ることをつよく勧めましたが、この点も賞賛にあたいします。

■言語学や文献学に最近のメディア学も加えられませんか。

専門知識がないので、この質問にお答えすることはできません。

漫画

■この感性の歴史の危険なところは、いささか人工的にあらゆる種類の心理的なものを援用して、さまざまな感情や情動について語り、そこから安価に歴史をつくろうとすることではないでしょうか。

危険性が存在しているのはたしかです。ラブルース的な図式が見直されてから、十九世紀にかんする歴史研究は分裂し、こんにちではたしかに散乱してしまっているもろもろの対象を見つけなければなりませんでした。すなわち事件、個人、社会的実践、フーコーの言葉を借りるならば「情動の装置」といったものです。これらの対象のひとつひとつについて歴史をつくることは、社会的・地方的なもののなかに根ざしたものを孤立させがちであるという点で、たしかに人工的になる危険をはらんでいます。あなたもよく知っておいでの伝記の場合、環境から切り離された一個人の研究というものはどんな意味をもちうるでしょうか。しかしながら、ある限定された対象を長いあいだ咀嚼し、忍耐強く吟味していると、その対象はしばしば、それに密着しているあらゆる種類のものを明かしてくれます。そのときそれは、より大きな何ものかに通ずる裂け目、通路となるんです。

リュシアン・フェーヴルは個別研究《モノグラフィー》を詳細に考察しました。ヴィダル・ド・ラ・ブラーシュの地理学の影響を受けた彼は、個別研究は地質断面図と同じ長所をもつと考えたんです。地質断面図は地面のうえには一本の線しか描かないので、とても狭く見えますが、深さの構造を明らかにしてくれます。これはリュシアン・フェーヴルのもっとも興味深い直観のひとつなのですが、あまり言及されることがないものです。このような通路という考え方が、わたしは気に入っています。イタリアの微視準位の歴史（*microstoria*）もここから着想を得たのかもしれません。わたしはいつも、ある小さな対象が、少しずつそれ自体より大きなものへと導いていくことができることに驚きました。もうひとつ別のイメージを取りあげるなら、テーブルクロスの端を引っぱると、テーブルのうえにあるものすべてを引きずりおろすことになります。鐘やオートフェイの事件は、対象としては最初はつまらないものに見えたかもしれませんが、多くのことを教えてくれるものであることがあとからわかりました。アニック・ティリエ(3)は最近ブルターニュの嬰児殺しについての博士論文の公開審査を受けました。これは小さなテーマだと思えるかもしれません。ところが、この地方における農村社会の機能のしかたへの通路として役だったんです。ある限定された対象の研究が可能にしてくれるこうした沈潜は、ブルターニュの農民の広大な歴史と同じくらい実り豊かなものでしょう。

最近の著作『歴史の危機について(4)』においてジェラール・ノワリエルは、パラダイムの危機と、ここ数十年、かなり持続的なテンポで次々に交替してきた歴史記述の「革命」について語っています。転機が告げられるものの、その転機はしばしばシンポジウムのあいだしか続かない、とも彼は言っています。「転機」とはいわぬまでも、少なくとも、あなたに着想を与えてくれたり、あなたの関心を引いたりした最近の動向というものはありますか。

ジェラール・ノワリエルの考察は、ある意味で、『アナール』誌にたいする皮肉です。しかし、あなたの質問に答えるならば、想像力の歴史が、潜在的なものの上昇と調和して、抵抗しがたい潮流になっていると感じます。わたし自身は道具の使い方が下手なために、おそらく恐竜みたいなものなのですが、逆説的なことに、そのおかげで少し距離を置いてものを見ることができました。そのことから、とりわけ漫画に興味をもつようになったんです。漫画を読んでいると、ときとして心を奪われるような想像力の世界に潜り込みます。

■ あなたは「単純な線」の信奉者として漫画のことをおっしゃっているのですか。

わたしはタンタン〔一九二九年にエルジェによって創出された漫画の登場人物〕の専門家でも、歴史漫画の専門家でもありませんし、アメリカの漫画（*comics*）もぱらぱらとめくったことがある程度です。しかし、一九七五年ごろ出版された大人向けのフランス＝ベルギー＝イタリア合作の漫画には興味をもちました。それを読みながら、世界にたいするある視線を共有しているという印象をもったんです。通りや、石畳に降る雨、車の往来、都市の風景、そしてマルク・オージェが非＝場（non-lieu）と呼ぶ空間——これらは例にすぎませんが——を描いた漫画の手法は、現代の造形芸術や映画に大きな影響をあたえました。美学のこれら三つの領域における相互作用はあまりにも明白なので、ひとつを考慮するのを拒めばもう二つを読み解くのをみずからに禁じることになります。それらは若者にはより近づきやすいものであり、彼らはもっとも経験豊かな歴史家でも理解するのに困難を感じるような観念に、難なく到達します。

分かりきったことを言っているように見えますが、一〇年前には、とくに大学の内部では、このようなことはあまり話題にならなかったということを思い出す必要があります。わたしは一九八〇年から一九八二年にかけて、つまりもう二〇年まえですが、『においの歴史』を書きました。その副題は「嗅覚と社会的想像力」です。ところが当時は、近代世界を研究する歴史家たちのあいだでは、社会的想像力という概念はほとんど普及していませんでした。しかしこんにちでは、とてもはっきりとした変化が感じられます。アルレット・ファルジュ、ジャック・ルヴェル、ダニエル・アラス、ドミニク・カリファ、アントワーヌ・ド・ベック、アンヌ・ヴァンサン＝ビュフォー、そしてその他大勢の人たちの本を考えてみてください。このような想像力の上昇は同時に、廃れてしまった多くの対象を見捨てることを余儀なくさせます。

満足感にひたる歴史

■ 二十世紀末について、どんなことをお考えになりますか。

わたしは紀元二〇〇〇年をどのように準備するか考えるグループのメンバーでした。世紀末がわれわれに着想を与えてくれるはずでした。というのも、二十世紀というのは百年という持続のなかで考えられた二つ目の時代にほかならなかったからです〔「世紀」という概念が普及したのは十九世紀から〕。ところがフランス文学においては、人々がこの「世紀末」という概念から十九世紀末ほどの重みを読みとっていないことにわたしは驚かされました。あたらしい千年にはいるという考えが引き起こす魅惑のほうが勝ってしまったんです。終わるものよりも、これから始まろうとしているもののほうを見てしまうわけです。関心があるのは紀元二〇〇〇年であって、二十世紀の終わりではないのです。

■一九九〇年にフクヤマ（フランシス・フクヤマ）が「〈歴史〉の終わり」について語ったとき、あなたはどうお感じになりましたか。

彼が何の話をしているのか、わたしにはよくわかりませんでした。ヘーゲルを参照するのはたしかに興味深いことですが、なぜもはや歴史が存在しなくなってしまうのでしょうか。流行の言い回しを濫用したくはありませんが、この「〈歴史〉の終わり」は主としてメディア向けだったと思います。

■やめさせたほうがいいタイプの歴史というものはありますか。

深くはめ込まれていて、根絶するのに時間のかかる方法というものがたくさんあります。文化史はさまざまな回復によって生み出されたものですが、これもまた、こうした過程をまぬがれるものではありません。廃れた歴史というのは、あたらしい好奇心がなくなって満足感にひたっている歴史のことです。その成果はまえもってわかっています。残念なのは、生き残りのために、ときとして高価な研究者の一団を雇うことです。

■歴史家が好奇心を失うことがあるとは逆説的ですね。

わたしの言いたいことはよくおわかりになりますよね。先行の概論書をふたたびとりあげただけの概論書や、すでにわかりきったことを検証するだけの博士論文、あまりに古い観念を繰り返すばかりなので、青少年向けの読み物を思わせるような本のことも忘れないようにしましょう。

ポール・ヴェーヌ(5)は、歴史家がどうやって自分が好む時代と親しくなるにいたるか、自分があつかう古文書や経験してきたことから、どうやって歴史についての自分なりの哲学を打ち立てるにいたるか、説明しました。あなたもそのような哲学をおもちですか。

多かれ少なかれ暗黙のうちに、歴史家の仕事は哲学的な思考のなかに組み込まれてしまうものです。しかし、そのことと、ひとつの歴史哲学をうちたてることとは、まったく別の問題です。わたしにかんしていえば、それは説明できません。お願いですから、その話に引っ張り込まないでください。

学術雑誌は一般大衆にはあまり知られていません。それらはどんな有益性をもっているのでしょうか。

現代の西欧の知的な歴史において、十九世紀中頃から、雑誌は研究室の基本的な役割を果たしてきました。たいていの場合、あたらしいものが、論文という濃縮物のかたちで芽生えるのは雑誌においてです。わたしは本のほうが好きですが、人文科学系の雑誌しか読まない研究者でも、すばらしい仕事をすることはできると思います。理科系の領域では、ご存じのように、重要なのは雑誌です。雑誌はおそらく、印刷された形態でより、電子化された形態でのほうが将来が明るいように思います。そのことはそのうちはっきりするでしょう。

地方学会はどんな役割をもっているのでしょう。大学の外で歴史家であることはできますか。

同じような種類の対象に関心があり、同じ教養をもっていれば、大学の教員でなくても歴史家になることはできます。フィリップ・アリエスをのぞくと、大学に組み込まれていない重要な歴史家の例というのはごくわずかですが。

■そして考古学会や歴史学会の会報に定期的に記事を発表している地方の有識者はどうでしょうか。

わたしは一〇年間、ジャン・ジャッカールが主宰する、歴史科学研究委員会（ＣＴＨＳ）の歴史部門の委員をつとめました。リムーザン地方やノルマンディー地方の学会の会報に載った記事をたくさん読みました。これらの研究者の多くはよく研究しています。そもそも彼らはしばしば大学人だったり、元教員だったりするので、先ほどの問題にもどってしまいますが。また、これらの学会における古文書学者の有益な役割についても強調したほうがよいでしょう。反面、記事の書き手のなかには、こんにちの歴史家の問題提起の特徴をまったく理解していないように思える人もいます。したがって、あなたの質問にきっぱりと答えるのは難しいです。それに、それらの雑誌は創刊してからの年数がみな同じというわけではありませんし、知名度も価値も同じではありません。

おいしいワインの国

■アメリカの歴史家たちはフランスの歴史につよい関心をもっています。彼らはどんなところで主要な貢献をしていますか。

彼らはフランスに外からの視線をもたらしてくれます。ちょうど、かつて人類学者がニューギニアを研究しに行ったようにです。そのまなざしは、受け手がそこに自分の姿を認められないために、しばしば受け手を苦笑させますが、洞察力に富み、内部からでは見えないものに接近させてくれます。現代史の領域では、アメリカ人は多くのものをもたらしてくれました。まず第一に、ときおり非難されましたが人類学的な読解です。ローレンス・ワイリやパトリス・ヒゴネットによっておこなわれた村の研究や、イギリス人ですがセオドア・ゼルディンの研究、あるいはユージン・ウェーバーの研究のことです。アメリカの歴史家は、文化史の領域では、限定された対象を選択するにあたって、よくある種の大胆さを示したものです。たとえば女性史の領域では、彼らはパイオニアの役割を果たしました。わたしはバークレー大学のフランス文化史のチームを知っています。そこで働いている研究者たちは、われわれフランスの歴史家にはたいへん大胆だと思われるようなテーマを選びました。ヴァネッサ・シュヴァルツとヘーゼル・ハーン(6)はそのようにして、十九世紀末とベルエポックのパリにおける視覚文化の研究に専念しました。このような大胆さは、チームのなかでおこなわれる長い批判作業を伴うものです。心理歴史学、すなわち歴史に精神分析を用いること、また、強引に理論化しようとする意志に属するものにたいしては、わたしはより慎重になるでしょう。それにたいして、言語論的転回 (*linguistic turn*) は議論の的ですが、これに属するものは何か重要なものを示しているように思えます。バークレーで『表象』というタイトルの歴史雑誌が創刊されたのは七〇年代から八〇年代への変わり目だったということを忘れてはなりません。一九五〇年から一九七〇年までのあいだ、フランスの歴史家たちはアメリカの同業者たちをある種の無遠慮さであつかってきましたが、その後、後者の十九世紀フランス史にたいする影響が認められるようになりました。

■十九世紀フランス史にかんしては、たとえばドイツやイギリスにもそれに並ぶものがありますか。

イギリスにはたしかにありますが、ドイツにはありません。とはいえ、フランスは小さな国です。

■にもかかわらずこれほど多くのアングロ＝サクソン系の研究者たちの関心を呼ぶのは、フランスが歴史の豊かな国だからでしょうか。

もちろんです。しかしそれだけでなく、フランスが美食の国で、おいしいワインが見つかる国だからでもあります。

■外国の研究者とはたくさんの接触を保っていますか。

多くのアメリカの研究者とは。また、当然ですが、イギリスの同業者とも友情の絆を結んでいます。これらの歴史家たちの研究は、フランスではほとんど翻訳されることがありません。パリ・コミューンにかんするロバート・トゥームズの重要な本や、群衆心理にかんするスザンナ・バローズのもの(7)を出版するために闘わなくてはなりませんでした。アングロ＝サクソン系の研究者たちの著作は、多くは独創的なエッセーで、厚くなくて読みやすいものです。アメリカ合衆国ではフランス史の専門家は非常に多く、残念ながら彼らの著作の多くをわれわれは素通りしています。しかし幸いなことに、これからは頭角を現してきた人たちの著作を入手することが楽になります。『ロンドン・ブック・レヴュー』『ニューヨーク・ブック・レヴュー』『タイムズ・リテラリー・サプリメント』などが即座に主要な本の刊行の情報をあたえてくれますから。

■インターネットはすばらしい道具ですが、知を一本調子で序列化のないものにしてしまう危険があるとはお思いになりませんか。

魅惑的な道具だということは誰もが知っています。しかし、インターネットは過剰な情報を広めるので、効果が裏目に出ることもあります。図書館の蔵書目録や書誌、雑誌のページなどをすべて、研究者が自宅で利用できるのでとても快適になっています。けれども、情報さえあれば発見や革新には十分だと考えるのは別問題です。押しつぶされてしまって、想像力を用いて自分で定めた対象におうじて、辛抱強く自分の仕事をやり遂げることがもはやできなくなる恐れがあるのが難点です。熟考が妨げられる恐れがあります。

■開拓されていない原資料というのはあるとお考えですか。

もちろん、幸いなことにあります。とくに個人所蔵の古文書です。多くの古文書がまだ保管所に眠っています。さまざまな機関が所有する古文書、行政関係の古文書、家族や個人の古文書などです。

■わたしはたんに、国立古文書館の史料集F7――一般警察――のようないくつかのコレクションは論じ

■尽くされたといえるのか、それともまだ再読の対象となりうるのか、と考えているのですが。

もちろん後者です。ピエール・カリラ＝コーアン[8]が現在、この古文書がどのようにして構成されたのか調べているところです。

■最近の本[9]の中でピエール・ショーニュは二十一世紀がまだ詩人と神学者の世紀であってほしいと願っています。これから始まる世紀の歴史家たちのために、あなたならこの種のどんな願いを表明なさいますか。

二十一世紀にはたしかに、過去の文明を理解するために神学者と詩人が必要不可欠でしょう。そのことをよく考えると、歴史の対象を探究し、発見することは詩的手法に属するものなんです。歴史家の第一の資質は想像力だと、リュシアン・フェーヴルが言っていなかったでしょうか。

in La Terre et la Cité, mélanges offerts à Philippe Vigier, Créaphis, Paris, 1994.
« Bruits, excès, sensations..., entetiens avec Alain Corbin », *Equinoxe, Revue romande de sciences humaines*, printemps 1994.
« I massacri nelle guerre civili della Francia (1789-1871) », *in* Gabriele RANZATO (sous la dir.), *Guerre Fratricide. La guerre civili in età contemporanea*, Bollati Boringhieri, Turin, 1994.
« Les noces de la femme vénale », présentation de Octave MIRBEAU, *L'Amour de la femme vénale*, Paris, 1994.
« Senses », *in* Peter N. STEARNS (dir.), *Encyclopedia of Social History*, Garland, New York, Londres, 1994.
« Désir, subjectivité et limites, l' impossible synthèse... », *Le Temps réfléchi. L'histoire au risque des historiens, Espace-Temps, Les Cahiers*, n°s 59, 60, 61, 1995.
« Prélude à une histoire de l'espace et du paysage sonores », *in Le Jardin de l'esprit*, mélanges Bronislaw Baczko, Droz, Genève, 1995.
Romantisme, coordination et présentaiton du n° 1990-2 : « Amours et Sociétés ».
Mentalités, coordination et présentaiton du n° 3, 1989 : « Violences sexuelles ».

主要論文

« Migrations temporaires et socitété rurale au XIXe siècle : le cas du Limousin », *Revue historique*, n° 500, oct-déc. 1971.

« Limousins migrants, Limousins sédentaires. Contribution à l' histoire de la région limousine au XIXe siècle (1845-1880) », *Le Mouvement social*, juill-sept. 1974, n° 88.

« Pour une étude sociologique de la croissance de l 'alphabétisation au XIXe siècle. L' instruction des conscrits du Cher et de l ' Eure-et-Loir (1833-1883) », *Revue d'histoire économique et sociale*, 1975, n°1.

« Matériaux pour un centenaire : le contenu de la *Revue historique* et son évolution, 1876-1972 », résumé *in Au berceau des Annales*, Presses de l'IEP Toulouse, 1983.

« Le péril vénérien au début du siècle : prophylaxie sanitaire et prophylaxie morale », *Recherches*, n° 20, « L' haleine des faubourgs », décembre 1977.

« L' hygiène publique et les *excreta* de la ville préhaussmannienne », *Ethnologie française*, t. 12, n° 2, avril-juin 1982.

« L'opinion et la politique face aux nuisances industrielles dans la ville préhaussmannienne », *Histoire, économie et société* I, 1983.

« Commercial sexuality in nineteenth-century France : a system of images and regulations », *Representations*, University of California Press, 14, printemps 1986.

« Coulisses », *in* Philippe ARIÈS et Georges DUBY (dir.), *Histoire de la vie privée*, t. IV, Seuil, Paris, 1987.

« L' histoire de la violence dans les campagnes françaises, esquisse d 'un bilan », *Ethnologie française*, 1991.

« Le vertige des foisonnements. Esquisse panoramique d 'une histoire sans nom », *Revue d'histoire moderne et contemporaine*, 1992.

« Paris-province », *in* Pierre NORA (sous la dir.), *Les Lieux de mémoire*, III, *Les France*, 1993.

« Le monarque sous la pluie. Les voyages de Louis-Philippe Ier en province 1831-1833»,

Paris, 1998. ドイツ語、英語、韓国語に翻訳。〔邦訳：『時間・欲望・恐怖——歴史学と感覚の人類学』小倉孝誠・野村正人・小倉和子訳、藤原書店〕

Les Cloches de la terre. Paysage sonore et culture sensible dans les campganes au XIXe siècle, Albin Michel, Paris, 1994. ドイツ語、日本語、英語に翻訳。〔邦訳：『音の風景』小倉孝誠訳、藤原書店〕

L'Avènement des loisirs (1859-1960), Aubier, Paris, 1995. イタリア語と日本語に翻訳。〔邦訳：『レジャーの誕生』渡辺響子訳、藤原書店〕

L'Histoire des sensibilités : Lucien Febvre, Georges Duby, Alain Corbin, Fujiwara, Tokyo, 1997.〔邦題：『感性の歴史』小倉孝誠編集、大久保康明・小倉孝誠・坂口哲啓訳、藤原書店〕

Le Monde retrouvé de Louis-François Pinagot. Sur les traces d'un inconnu (1798-1876), Flammarion, Paris, 1998. 現在のところ、ドイツ語と日本語に翻訳。〔邦訳：『記録を残さなかった男の歴史——ある木靴職人の世界 1798-1876』渡辺響子訳、藤原書店〕

監　修

Les Usages politiques des fêtes, Publications de la Sorbonne, Paris, 1994.

La Barricade, Publications de la Sorbonne, Paris, 1997.

アラン・コルバンの著作

Prélude au Front populaire. Contribution à l'histoire de l'opinion publique dans le département de la Haute-Vienne (1934-1936), thèse de 3e cycle, Méry, Limoges, 1968, 340p.

Archaïsme et modernité en Limousin au XIXe siècle, Tome 1 : La Rigidité des structures économiques, sociales et mentales. Tome 2 : La Naissance d'une tradition de gauche, Marcel Rivière, Paris, 1975, 1148p. Réédition préfacée, Presses universitaires de Limoges, Limoges, 1999.

Les Filles de noce. Misère sexuelle et prostitution au XIXe siècle, Aubier, Paris, 1978, et édition abrégée, Flammarion, « Champs », Paris, 1982. イタリア語、英語、日本語、韓国語に翻訳。〔邦訳：『娼婦』杉村和子監訳、内村瑠美子・国領苑子・門田眞知子・岩本篤子訳、藤原書店〕

La Prostituion à Paris au XIXe siècle, texte d'Alexandre PARENT-DUCHÂTELET, Présenté et annoté par Alain CORBIN, Seuil, « L'Univers historique », Paris, 1981.〔邦訳：『十九世紀パリの売春』小杉隆芳訳、法政大学出版局〕

Le Miasme et la Jonquille. L'odorat et l'imaginaire social (XVIIIe-XIXe siècles), Aubier, Paris, 1982, et Flammarion, « Champs », Paris, 1986. イタリア語、ドイツ語、オランダ語、英語、メキシコ語、ブラジル語、日本語、ポーランド語に翻訳。〔邦訳：『においの歴史——嗅覚と社会的想像力』山田登世子・鹿島茂訳、藤原書店〕

Le Territoire du vide. L'Occident et le désir du rivage (1750-1840), Aubier, Paris, 1988, et Flammarion, « Champs », Paris, 1990. オランダ語、スペイン語、ドイツ語、イタリア語、英語に翻訳。〔邦訳：『浜辺の誕生——海と人間の系譜学』福井和美訳、藤原書店〕

Le Village des cannibales, Aubier, Paris, 1991, et Flammarion, « Champs », Paris, 1995. イタリア語、英語、ドイツ語、オランダ語、日本語、エストニア語に翻訳。〔邦訳：『人喰いの村』石井洋二郎・石井啓子訳、藤原書店〕

Le Temps, le Désir et l'Horreur, Aubier, Paris, 1991, et Flammarion, « Champs »,

3) Annick TILLIER, *Les Femmes, l'Infanticide et le Contrôle social dans les campagnes de la France armoricaine, 1825-1865 : essai d'anthropologie historique*, thèse, université de Paris-I, 2000.

4) Gérard NOIRIEL, *Sur la crise de l'Histoire*, Belin, Paris, 1996.

5) Paul VEYNE, *Comment on écrit l'histoire*, Seuil, « Points Histoire », Paris, 1996.〔邦訳：ポール・ヴェーヌ『歴史をどう書くか』大津真作訳、法政大学出版局〕

6) Vanessa R. SCHWARTZ, *Spectacular Realities. Early Mass Culture in Fin-de-Siècle*, University of California Press, Berkeley, 1998 ; Haejeong Hazel HAHN, *Street Picturesque, Advertising in Paris. 1830-1914*, University of California Press, Berkeley, 1997.

7) Robert TOMBS, *La Guerre contre Paris, 1871*, Aubier, Paris, 1997 ; Suzanna BARROWS, *Miroirs déformants*, Aubier, Paris, 1990.

8) Pierre KARILA-COHEN, *Mesure de l'esprit public et surveillance politique en France sous la monarchie censitaire*, thèse en cours.

9) Pierre CHAUNU, entretiens avec Éric MENSION-RIGAU, Danse avec l'Histoire, De Fallois, Paris, 1998.

thèse, université de Paris-VII, 1982.

9) Jean-Claude KAUFMANN, *La Trame conjugale. Analyse du couple par son linge*, Nathan, Paris, 1992.

10) Philippe ARTIÈRES, *Clinique de l'écriture : une histoire du regard médical sur l'écriture*, Institut d'édition Sanofi-Synthélabo, Paris, 1998.

11) George L. MOSSE, *De la Grande Guerre au totalitarisme, La brutalisation des sociétés européennes*, Hachette, Paris, 1999.

9 オルヌ県の一介の木靴職人

1) 「自分の本能に刺激されながら、多くの場合、それらの本能に抵抗できるようなつよい信念は持ち合わせておらず、自分の分析癖に動揺させられた彼［＝現代人］は、小説や歴史を読んでいるとき、自分の不安を分かち合う兄弟を見つけたいと願っている。自分がおこなうこれらの格闘、自分が身をゆだねるこの長くて苦しい瞑想を、他人も経験しているのだと彼は信じたいのである。そして、より人間的な伝記が、英雄自身も引き裂かれた存在だったことを示してくれると、感謝の念をいだくのである。」André MAUROIS, *Aspects de la biographie*, Grasset, Paris, 1930, p. 51.

2) *Politix*, n° 15, 1991.

3) Jean-François SOULET, *Les Pyrénées au XIXe siècle*, Éché Toulouse, 1987. Christian THIBON, *Pays de Sault. Les Pyrénées audoises au XIXe siècle : les villages et l'État*, Éditions du CNRS, Paris, 1988.

4) Yves POURCHER, *Les Maîtres de granit. Les notables en Lozère, du XVIIIe siècle à nos jours*, Orban, 1987.

10 教師と研究者

1) Stéphane AUDOIN-ROUZEAU, *Les Soldats français pendant la guerre de 1914-1918 d'après les journaux de tranchées. Une étude de mentalité,* thèse de 3e cycle, université de Clermont-Ferrand, 1984 ; *L'Enfant de l'ennemi, 1914-1918*, Aubier, Paris, 1995.

2) Dominique KALIFA, *L'Encre et le Sang : récits de crimes et société à la Belle Époque*, Fayard, Paris, 1995 ; *Naissance de la police privée. Détectives et agences de recherches en France. 1832-1842*, Plon, Paris, 2000.

3) Jean-François CHANET, *L'École républicaine et les petites patries*, Aubier, Paris, 1996.
4) Olivier BALAŸ, *Discours et savoir-faire sur l'aménagement de l'environnement sonore urbain au XIXe siècle*, thèse, université de Grenoble, novembre 1992.
5) Nathalie POIRET, *Des traces odorantes... proposition cartographique des odeurs de Grenoble au cours de son histoire*, thèse, EHESS, 1997.
6) Robert A. NYE, *Masculinity and Male Codes of Honor in Modern France*, Oxford UP. 1993.
7) François GUILLET, *Genèse et épanouissement d'une image régionale en France : la Normandie (1750-1850)*, thèse, université de Paris-I, 1998.

7 時間の使い方

1) Jean-Pierre CHALINE, *La Bourgeoisie rouennaise au XIXe siècle*, thèse, université de Paris-IV, 1979.
2) Robert BECK, *Histoire du dimanche de 1700 à nos jours*, L'Atelier, Paris, 1997.
3) Nicole MOZET, *La Vie de province dans l'œuvre de Balzac*, CDU- SEDES, Paris, 1982.

8 もっとも内面的＝親密なもの

1) Philippe ARIÈS et Georges DUBY (sous la dir.), *Histoire de la vie privée*, Seuil, Paris, 1987.
2) Jean-Claude POLTON, *Tourisme et nature au XIXe siècle. Guides et itinéraires de la forêt de Fontainebleau (1820-1880)*, thèse, université de Paris-X, 1985.
3) Arlette FARGE, *La Chambre à deux lits et le Cordonnier de Tel-Aviv*, Seuil, Paris, 2000.
4) André ROUILLÉ, *L'Empire de la photographie (1839-1970)*, Le Sycomore, Paris, 1982.
5) Alain CORBIN et Jean-Marie MAYEUR (dir.), *La Barricade, op. cit.*
6) Marie-Victoire LOUIS, *Le Droit de cuissage (1860-1930)*, L'Atelier, Paris, 1994.
7) Arlette SCHWEITZ, *La Maison tourangelle au quotidien, façons de bâtir, manières de vivre, 1850-1930*, Publications de la Sorbonne, Paris, 1997.
8) Marie-José MERIT-GARNICHE, *Mémoire du système buéton : profil socio-économique, genre de vie et mentalité à Bué-en-Sancerrois de 1850 à 1914*,

10) Boris PORCHNEV, *Les Soulèvements populaires en France au XVIIe siècle*, Flammarion, Pairs, 1972 ; Yves-Marie BERCÉ *Croquants et nu-pieds. Les soulèvements paysans en France du XVIe au XIXe siècle*, Gallimard, Paris, 1974.

11) Denis BÉLIVEAU, *Les Révoltes frumentaires en France dans la première moitié du XIXe siècle*, thèse, EHESS, 1992.

12) Pierre VALLIN, *Paysans rouges du Limousin*, L'Harmattan, Paris 1985.

13) Stéphane AUDOIN-ROUZEAU, *1870, La France dans la geurre*, Armand Colin, Paris, 1989.

14) Alain CORBIN, « I massacri nelle guerre civili della Francia (1789-1871) » *in* Gabriele RANZATO (sous la dir.), *Guerre fratricide. La guerre civili in età contemporanea*, Bollati Boringhieri, Turin, 1994.

15) Jean-Clément MARTIN, *La Guerre en Vendée et son souvenir (1793-1980)*, thèse, université de Paris-IV, 1987 ; Claudy VALIN, *Recherches sur La Rochelle, ville frontière au cours de la crise révolutionnaire (1790-an III)*, thèse, université de Rouen, 1994.

16) Antoine de BAECQUE, *La Gloire et L'Effroi : sept morts sous la Terreur*, Grasset, Paris, 1997.

17) Denis CROUZET, *La Violence au temps des troubles de religion (vers 1525-vers 1610)*, thèse, université de Paris-IV, 1988.

18) Jeanne LAVILLATTE, *L'Anesthésie au service de la chirurgie française (1846-1896), contribution à une histoire mentale de l'anesthésie*, thèse, université de Paris-I, 1999.

19) Simone DELATTRE, *Les Douze Heures noires, la nuit à Paris (1815-1870)*, thèse, université de Paris-I, 1999, à paraître, Albin Michel, Paris, 2000.

20) Stéphane AUDOIN-ROUZEAU, *La Guerre des enfants, 1914-1918 : essai d'histoire culturelle*, Armand Colin, Pairs, 1993.

6　鐘が語ること

1) Paule PETITIER, « Les cités obscures. Villes industrielles du Moyen Âge dans *l'Histoire de France* de Michelet », *Romantisme*, n° 83, 1994, p. 81-97, et *La Géographie de Michelet*, L'Harmattan, Paris, 1997.

2) Claude LANGLOIS, *Le Diocèse de Vannes au XIXe siècle, 1800-1830*, Klincksieck, Paris, 1974.

10) Jean-Pierre RIOUX et Jean-François SIRINELLI (sous la dir.), *Pour une histoire culturelle*, Seuil, Paris, 1997.
11) Alain ROGER, *Court traité du paysage*, Gallimard, Paris, 1997.
12) Alain CABANTOUS, *Les Côtes barbares. Pilleurs d'épaves et sociétés littorales en France, 1680-1830*, Fayard, Paris, 1993.
13) *L'Express*, 3 juin 1988.
14) Entretiens d'Alain Corbin avec Michel Delon, *Le Magazine littéraire*, n° 254, mai 1988.
15) Alain CORBIN, Noël GÉRÔME et Danielle TARTAKOWSKY, *Les Usages politiques des fêtes aux XIXe-XXe* siècles, Publications de la Sorbonne, 1994.

5　定期市広場での死

1) Philippe GRANDCOING, *La Bande à Burgout et la société rurale de la châtaigneraie limousine, 1830-1839*, SELM, Limoges, 1991.
2) Annick TILLIER, *Brigandage et bandes criminelles en province sous la monarchie censitaire (1815-1835)*, mémoire de maîtrise, université de Paris-I, octobre 1989.
3) François PLOUX, *Les Bagarres de village (1815-1850). Contribution à l'étude des formes collectives de la violence en milieu rural*, mémoire de maîtrise, université de Paris-I, 1989 ; *Les Formes du conflit et leurs modes de résolution dans les campagnes du Lot, 1810-1860*, thèse, université de Paris-I, 1994, sous la direction d'Alain Corbin.
4) Georges MARBECK, *Hautefaye, l'année terrible*, Robert Laffont, Paris, 1982.
5) Anne-Claude AMBROISE-RENDU, *Les Faits divers dans la presse française de la fin du XIXe siècle. Étude de la mise en récit d'une réalité quotidienne (1870-1910)*, thèse, université de Paris-I, 1997.
6) Ralph GIBSON, *Les Notables et l'Église dans le diocèse de Périgueux*, thèse de doctorat de 3e cycle, université de Lyon-III, 1979.
7) Soo-Yun CHUN, *La Propagande républicaine et la Question paysanne au début de la troisième république*, thèse, université de Paris-I, 1990.
8) François PLOUX, « L'imaginaire social et politique de la rumeur dans la France du XIXe siècle (1815-1870) », à paraître, *Revue historique*, n° 2, 2000.
9) Edgar MORIN, *La Rumeur d'Orléans*, Seuil, Paris, 1969.〔邦訳：エドガー・モラン『オルレアンのうわさ』吉田幸男訳、法政大学出版局〕

4) Alain CORBIN et Jean-Marie MAYEUR (sous la dir.), *La Barricade*, Publications de la Sorbonne, Paris, 1997.
5) Sylvain RAPPAPORT, *Images et incarnation de la vertu : les prix Montyon (1820-1852)*, thèse, université de Paris-I, 1999.
6) Octave MIRBEAU, *L'Amour de la femme vénale*, Côté femmes, Paris, 1994.
7) François DOSSE, *L'Histoire en miettes, des* Annales *à la nouvelle histoire*, La Découverte, Paris, 1987.
8) Michelle PERROT (sous la dir.), *Une histoire des femmes est-elle possible ?*, Rivages, Marseille, 1984.〔邦訳：ミシェル・ペロー編『女性史は可能か（新版）』、杉村和子・志賀亮一監訳、藤原書店〕
9) Françoise THÉBAUD, *Écrire l'histoire des femmes*, ENS éditions, 1998.
10) Odile ROYNETTE-GLAND, *Les Années de service. La déouverte de la caserne (1873-1889)*, thèse, université de Paris-I, 1999.

4 黄水仙と前浜

1) Ségolène LE MEN, *La Cathédrale illustrée de Hugo à Monet, regard romantique et modernité,* CNRS Édition, Paris, 1998.
2) Patrick SÜSKIND, *Le Parfum. Histoire d'un meurtrier*, Fayard, Paris, 1987.〔邦訳：パトリック・ジュースキント『香水』池内紀訳、文藝春秋〕
3) Daniel TEYSSEIRE, *De la vie dans les « Rapports du physique et du moral de l'homme » de Cabanis*, ENS Saint-Cloud, 1982.
4) R. MURRAY-SCHAFER, *Le Paysage sonore*, Lattès, Paris, 1979.〔邦訳：マリー・シェーファー『世界の調律——サウンドスケープとはなにか』鳥越けいこ他訳、平凡社〕
5) Jonathan CRARY, *L'Art de l'observateur. Vision et modernité au XIXe siècle*, Éditions Jacqueline Chambon, Nîmes, 1994.
6) Scarlett BEAUVALET-BOUTOUYRIE, *Naître à l'hôpital*, Belin, Paris, 1999.
7) Louis CHEVALIER, *Classes laborieuses et classes dangereuses à Paris dans la première moitié du XIXe siècle*, Plon, Paris, 1958.〔邦訳：ルイ・シュヴァリエ『労働階級と危険な階級』喜安朗他訳、みすず書房〕
8) Yves PEYRÉ (sous la dir.), *Mallarmé un destin d'écriture*, Gallimard/Réunion des musées nationaux, Paris, 1998.
9) Monique SICARD, *La Fabrique du regard*, Odile Jacob, Paris, 1998.

原　注

1　ノルマンディーでの子供時代

1) Conseil économique et social, rapport de Claude LEGROS, *JO*, n° 4217 du 28 mai 1993.
2) Jean-Claude CARON, *À l'école de la violence, châtiments et sévices dans l'institution scolaire au XIXe siècle*, Aubier, Paris, 1999.

2　九〇万のリムーザン人

1) Alain CORBIN, *Prélude au Front populaire. Contribution à l'histoire de l'opinion publique dans le département de la Haute-Vienne* (*1934-1936*), thèse de 3e cycle, Méry, Limoges, 1968.
2) Yves VADÉ, « Formes du temps : introduction aux chronotypes » , *in* Alain CORBIN *et alii, L'Invention du XIXe siècle*, Klincksieck / Presses de la Sorbonne nouvelle, Paris, 1999.
3) *Télérama*, 4 mars 1998.
4) Christine GUIONNET, *Élections et modernisation politique* (*Cas des élections municipales sous la monarchie de Juillet*), EHESS, 1995.
5) Guy HAUDEBOURG, *Mendiants et vagabonds en Bretagne au XIXe siècle*, Presses universitaires de Rennes, 1999.

3　歴史家と娼婦

1) Jean-Louis FLANDRIN, *Les Amours paysannes* (*XVIe-XIXe siècle*), Gallimard/Julliard, Paris, 1975.〔邦訳：ジャン＝ルイ・フランドラン『農民の愛と性』、蔵持不三也・野池惠子訳、白水社〕
2) Jean-Paul ARON et Roger KEMPF, *Le Pénis et la démoralisation de l'Occident*, Grasset, Paris, 1978.
3) Henri-Pierre JEUDY, *Le Désir de catastrophe*, Aubin, Paris, 1990.

訳者あとがき

本書は Alain Corbin, *Historien du sensible. Entretiens avec Gilles Heuré*, La Découverte, 2000 の全訳である。

コルバンについてはもはや余計な解説は不要だろう。一九三六年、ノルマンディー地方のオルヌ県に生まれたこの歴史家は、現在、パリ第一（パンテオン＝ソルボンヌ）大学で十九世紀史の講座を担当し、フランス大学院のメンバーとして多くの博士論文の指導や審査にあたりながら、自身も想像力や感性に重要性をあたえなおす歴史学の領域できわめて独創的な研究を次々と発表して、現代フランスを代表する歴史家として揺るぎない地位を確立している。彼のこれまでの著作は、あまりに浩瀚な博士論文をのぞけばすべて邦訳されており（いずれも藤原書店）、日本でも多くの読者を獲得している。

本書はそのコルバンが、同じく歴史家で、ジャーナリストでもあるジル・ウレ（『ギュスターヴ・エルヴェ、反愛国主義からペタン政策にいたるある扇動家の軌跡』ラ・デクヴェルト社、一九九七年刊の著者）とおこなった対談を収録したものである。コルバンはそこで、爆撃下のノルマンディーで過ごした少年時代やアルジェリア戦争時の兵役、リモージュでの教師生活などについて語ると同時に、みずからの著作を解説する。博士論文であつかったリムーザン地方の定住者と出稼ぎ労働者、その後の第一作目となった『娼婦』における売春や性の悲惨の問題、次作『においの歴史』における嗅覚と社会的想像力、そして十八世紀中葉から広がっていった浜辺にたいする欲望、さらに一八七〇年にオートフェイ村を襲った暴力事件や、鐘の音が織りなす風景、余暇の到来、私生活、ノルマンディーの無名の木靴職人など、これまでに研究してきた多様な対象にどのようにして行きあたったか、研究はどのように進められたか、その際どんな困難に遭遇したか、といったことについて、じつに興味深い打ち明け話をしてくれている。

この一冊でコルバンの歴史学の全貌を知ることができる！というのは少々大げさかもしれないが、すでにコルバンの著作に親しんでいる者は、それらが生まれた背景を知ることができるし、これから読んでみようかと思っている者にとっても、よいきっかけをつくってくれる恰好の一冊であることはまちがいない。

しかしながら、本書はコルバンを知るための手軽なマニュアル本とは異なる。なぜなら、コルバンは研究にまつわるさまざまなエピソードについて語る一方で、歴史研究の根幹にかかわる、より本質的な問題をもするどく指摘しているからである。たとえば歴史家が陥りやすい苦痛偏重の罠。歴史家の仕事の出発点である史料は、いうまでもなく、すべての事象について、あらゆる人の手で書かれているわけではない。事象にも、書き手にもかたよりがある。苦痛や貧困はテキストとして痕跡を残すことが多いが、幸福や安楽はほとんど痕跡を残さない。そのため、歴史家はつねに苦痛を繰り返す史料と向き合わされることになる。そして、その種の膨大な史料に当たっているうちに、それが事実のすべてであるという錯覚に陥ってしまうのはあまりに容易である。歴史家が、人目を引くものを好む未来の読者の顔を思い浮かべたり、みずからの「公民」としての使命を感じて、不幸に終止符を打ちたいという気持ちに突き動かされたりするときは、なおさらである。このような苦痛偏重の危険は、歴史家のみならず、社会学者やこんにちのメディアにも共通するものであり、事実を探究しようとする者が意識してしすぎることのけっしてないものだろう。

そして、歴史家をつけねらうもうひとつの危険としてコルバンが挙げるのは、心理的な時代錯誤の問題である。現代に生きる歴史家は、とかく社会学者が自分の同時代人に向かって提起する問いから派生した問いを過去にたいして提起しがちである。しかし、「過去の人々を知るには彼らのまなざしで眺め、彼らの感情を追体験する以外に方法はない。」彼らの表象体系や評価体系とわれわれのそれらを隔てている距離を正確にはかることなしには、過去を理解することは不可能だ、とコルバンは繰り返す。

コルバンは、こうした根本的な問題以外にも、インタヴュアーであるジル・ウレの巧みな問いかけに誘われるようにして、〈他者〉の視線が捏造するイメージの問題や、噂の機能、文学作品の史料的価値、写真のあつかい方など、歴史研究のあり方とむすびついた諸問題を随所で提起する。なかでも、「教師と研究者」と題された最終章は、訳者としては、職業柄、また研究分野こそ異なるが学生生活の何年間かをフランスで過ごしたひとりとして、もっとも面白く読んだ部分である。現代の初等・中等教育における歴史の学習方法が、年表を覚えることからテマティックな方法に変化してきたために、現在の大学生は時間的な深さの感覚を身につけていないという指摘、またそのことが、視覚メディアの影響も手伝って、ものの表層化を生み出しているという指摘はじつに興味深い。

また、こんにちの博士論文のあり方についても多くのことを考えさせられる。フランスでは一九八〇年代後半に、国家博士論文の制度が廃止され、それまで存在していた第三課程の博士論文との一本化がはかられた。以来、若手の研究者たちは四百ページ〜千ページ程度の論文を一本提出したあとは、長い年月を要する国家博士論文に取り組むことなく、新しい研究領域を自由に切りひらき、それらをまとめて数年後に研究指導資格を申請することが可能になった。コルバンはこの新しい制度に賛成したひとりである。しかし、このような意図で発足した制度も、その長所を十分に活用して、対象を巧みに変えながら精力的な研究を次々と展開する研究者がいる一方で、博士論文の内容の焼き直しにすぎない、野心に欠ける研究も多く、このままでは研究レヴェルの低下を引き起こしかねないという危惧の念を表明する。日本の研究者にとっても他人事ではない話である。

さらに、コルバンが属しているフランス大学院という、あまり耳慣れない組織について説明しながら、ここのメンバーになるための資質として「想像力」がいかに重要であるか説いている点は、コルバンらしく、傾聴にあたいする。「歴史の対象を探究し、発見することは詩的手法に属する。」言葉を使って自由に想像力の翼を広げることのできる詩人と、地道な史料調査を重ねて客観的な事実を積みあげることを仕事とする歴史家が同列に置かれるのである。一見逆説的とも見えるこの指摘はしかしながら、歴史家、ほんとうの意味での歴史家の仕事が、地道な史料調査をささえる豊かな想像力なくしては成り立たないものであることを物語っている。歴史は、過去の事実のたんなる積み重ねではなく、過去を読み解く現在のまなざしであることのゆえんだろう。そして、「感性の歴史家」コルバンの仕事の魅力の大きな部分が、こうしたほとんど詩的でさえある想像力に裏打ちされた斬新な着眼によっていることをあらためて知らされる。

本書第四章で話題になっている新フランス国立図書館（フランソワ・ミッテラン図書館）については、多少訂正が必要かもしれない。『浜辺の誕生』のようないろいろな領域にまたがる研究は、同じ座席にいながらにしてありとあらゆる史料を取り寄せることのできた旧国立図書館のシステムがあったからこそできたもので、現在の新図書館では難しいだろう、とコルバンは言っている。しかし、これはおそらく一九九九年あたりの、研究者用スペースがオープンして間もない頃の話ではないかと思う。当初、研究者たちに非常に評判の悪かった新図書館も、現在ではずっと利用しやすく改善されていることを、新図書館の名誉のためにひとこと付け加えておきたいと思う。

最後になったが、多忙ななか、不明箇所を問う訳者の手紙に丁寧に答えてくれたコルバンにお礼を申し上げたい。また、フランス語の表現についての細々とした質問に根気よくお答えくださった、立教大学の同僚であるマリー＝フランス・デルモン保坂先生をはじめとする方々、コルバンのエッセンスがつまった本書の翻訳をお任せくださった藤原書店社長の藤原良雄氏と、細かな編集の労をお取りくださった清藤洋さん、そして、最初の読者として有益な指摘を惜しまなかった夫の孝誠にも感謝の意をささげたい。

本書を読んだ読者がいっそうコルバンの歴史学に関心をもってくれることを訳者として願うとともに、読者のひとりとしては、これがコルバンの仕事の総括になってしまうことなく、ますます新しい展開を見せてくれることを期待したい。

二〇〇一年十月

小倉和子

著者紹介

アラン・コルバン (Alain CORBIN)

1936年、フランスのオルヌ県に生れる。カーン大学卒業後、歴史の教授資格取得(1959年)。リモージュのリセで教えた後、トゥールのフランソワ・ラブレー大学教授として現代史を担当(1972-1986)。1987年よりパリ第一(パンテオン＝ソルボンヌ)大学教授として、モーリス・アギュロンの跡を継いで19世紀史の講座を担当。本書のほかに『娼婦』『においの歴史』『浜辺の誕生』『時間・欲望・恐怖』『人喰いの村』『感性の歴史』(フェーヴル、デュビィ共著)『音の風景』『記録を残さなかった男の歴史』(いずれも藤原書店刊)がある。

訳者紹介

小倉和子 (おぐら・かずこ)

1957年生まれ。東京大学大学院人文科学研究科博士課程単位取得退学。1989年、パリ第十大学新制度博士号取得。現在、立教大学観光学部教授。19・20世紀フランス文学専攻。著書に『プログレッシブ仏和辞典』(共著、小学館)、訳書に、デュビィ、ペロー編『「女の歴史」を批判する』(藤原書店)、コルバン『時間・欲望・恐怖』(共訳、藤原書店)ほか。

感性の歴史家 アラン・コルバン

2001年11月30日　初版第1刷発行©

訳　者　小 倉 和 子

発行者　藤 原 良 雄

発行所　株式会社 藤 原 書 店

〒162-0041　東京都新宿区早稲田鶴巻町523

TEL　03 (5272) 0301
FAX　03 (5272) 0450
振替　00160-4-17013

印刷・製本　美研プリンティング

落丁本・乱丁本はお取り替えします
定価はカバーに表示してあります

Printed in Japan
ISBN4-89434-259-6

「社会史」への挑戦状

記録を残さなかった男の歴史

（ある木靴職人の世界 1798–1876）

A・コルバン　渡辺響子訳

一切の痕跡を残さず死んでいった普通の人に個人性は与えられるか。古い戸籍の中から無作為に選ばれた、記録を残さなかった男の人生と、彼を取り巻く一九世紀フランス農村の日常生活世界を現代に甦らせた、歴史叙述の革命。

四六上製　四三二頁　**三六〇〇円**

（一九九九年九月刊）◇4-89434-148-4

LE MONDE RETROUVÉ DE LOUIS-FRANÇOIS PINAGOT　Alain CORBIN

世界初の成果

感性の歴史

L・フェーヴル、G・デュビィ、A・コルバン　小倉孝誠編集

大久保康明・小倉孝誠・坂口哲啓訳

アナール派の三巨人が「感性の歴史」の方法と対象を示す、世界初の成果。「歴史学と心理学」「感性と歴史」「社会史と心性史」「感性の歴史の系譜」「魔術」「恐怖」「死」「電気と文化」「涙」「恋愛と文学」等。

四六上製　三三六頁　**三六〇〇円**

（一九九七年六月刊）◇4-89434-070-4

「群衆の暴力」に迫る

人喰いの村

A・コルバン

石井洋二郎・石井啓子訳

一九世紀フランスの片田舎。定期市の群衆に突然とらえられた一人の青年貴族が二時間にわたる拷問を受けたあげく、村の広場で火あぶりにされた…。感性の歴史家がこの「人喰いの村」の事件を「集合的感性の変遷」という主題をたてて精密に読みとく異色作。

四六上製　二七二頁　**二八〇〇円**

（一九九七年五月刊）◇4-89434-069-0

LE VILLAGE DES CANNIBALES　Alain CORBIN

音と人間社会の歴史

音の風景

A・コルバン

小倉孝誠訳

鐘の音が形づくる聴覚空間と共同体のアイデンティティーを描く、初の音と人間社会の歴史。一九世紀の一万件にものぼる「鐘をめぐる事件」の史料から、今や失われてしまった感性の文化を見事に浮き彫りにした大作。

A５上製　四六四頁　**七二〇〇円**

（在庫僅少）（一九九七年九月刊）◇4-89434-075-5

LES CLOCHES DE LA TERRE　Alain CORBIN

現代人の希求する自由時間とは何か

レジャーの誕生

A・コルバン
渡辺響子訳

多忙を極める現代人が心底求める自由時間（レジャー）と加速する生活リズムはいかなる関係にあるか？　仕事のための力を再創造する時間としてあった自由時間から「レジャー」の時間への移行過程を丹念にあとづける大作。

Ａ５上製　五六八頁　**六八〇〇円**
（二〇〇〇年七月刊）
◇4-89434-187-5

L'AVENEMENT DES LOISIRS (1850-1960)
Alain CORBIN

ミシュレ生誕二百年記念出版

ミシュレ伝　1798–1874

〈自然と歴史への愛〉

大野一道

『魔女』『民衆』『女』『海』……数々の名著を遺し、ロラン・バルトやブローデルら後世の第一級の知識人に多大な影響を与えつづけるミシュレの生涯を、膨大な未邦訳の『日記』を軸に鮮烈に描き出した本邦初の評伝。思想家としての歴史家の生涯を浮き彫りにする。

四六上製　五二〇頁　**五八〇〇円**
（一九九八年一〇月刊）
◇4-89434-110-7

「ルネサンス」の発明者ミシュレ

ミシュレとルネサンス

〈「歴史」の創始者についての講義録〉

L・フェーヴル
P・ブローデル編　石川美子訳

「アナール」の開祖、ブローデルの師フェーヴルが、一九四二―三年パリ占領下、フランスの最高学府コレージュ・ド・フランスで、「近代世界の形成――ミシュレとルネサンス」と題し行なった講義録。フェーヴルの死後、ブローデル夫人の手によって編集された。

Ａ５上製　五七六頁　**六七〇〇円**
（一九九六年四月刊）
◇4-89434-036-4

MICHELET ET LA RENAISSANCE
Lucien FEBVRE

ミシュレの歴史観の全貌

世界史入門

〈ヴィーコから「アナール」へ〉

J・ミシュレ　大野一道編訳

「異端」の思想家ヴィーコを発見し、初めて世に知らしめた、「アナール」の母ミシュレ。本書は初期の『世界史入門』から『フランス史』『十九世紀史』までの著作群より、ミシュレの歴史認識を伝える名作を本邦初訳で編集。L・フェーヴルのミシュレ論も初訳出、併録。

四六上製　二六四頁　**二七一八円**
（一九九三年五月刊）
◇4-938661-72-1